穿越大唐 探秘花灯

"朱泾花灯"综合活动课程手册(下册)

孙翠英·主编

上海社会科学院出版社

主　编　孙翠英

副主编　袁　寒

策　划　胡立德

撰稿人（以姓氏笔画为序）

王红玲　王梦璐　叶　玮　朱　红　刘　恋

李　琳　吴丹婷　吴淑琼　沈芬芬　张　媛

张喑生　陆佳辰　金卫勤　俞宝娟　施恩岚

夏春美　唐　虞　黄　莹　董再翠　蒋煜梅

谢晟洋　褚晓莉

前　言

朱泾花灯是金山地区的优秀传统文化结晶，需要我们传承并发扬光大。教育的根本任务是立德树人，加强中华优秀传统文化教育是学校的重要职责。2014年3月，教育部印发了《完善中华优秀传统文化教育指导纲要》，要求各学校加强对青少年学生的中华优秀传统文化教育，以弘扬爱国主义精神为核心，以家国情怀教育、社会关爱教育和人格修养教育为重点，着力完善青少年学生的道德品质，培育理想人格，提升政治素养。因此，我校根据"以爱立人，以学成人；七彩童年，幸福人生"的办学理念，结合"中国学生发展核心素养"，以《中小学综合实践活动课程指导纲要》为指引，将朱泾镇"一镇一品"文化特色"朱泾花灯"融入学校课程体系，根据儿童的心理发展特点，通过分年级分层实施，设置了一至五年级螺旋上升、逐步递进的课程，使之系统化、系列化。

本书共分上、下两册，上册以低年级学生学习为主，下册以高年级学生学习为主，将校园文化与本土文化相融合来设计朱泾花灯综合课程，主要是帮助学生打破学科疆域界限、增强知识间的横向连接，从而实现课程综合化，培养学生综合素质，树立"爱学校、爱家乡、爱祖国"的情怀。学校开展丰富多彩的实践体验活动，激发学生对身在家乡、身在中华的民族自豪感，引导学生自觉为家乡，为祖国的建设和发展作出贡献。

"朱泾花灯"课程经历了从无到有、从有到精的探索过程，大体可分为"初步建构""内容优化""学科融合"三个阶段，本书的课程内容属于3.0版本。课题组从1.0和2.0中挖掘可融合其他内容的花灯课程，如第一阶段普及版与兴趣版中的创意灯与猜灯谜，第二阶段中开发的五本花灯系列校本课程——纸花灯、利废花灯、竹木花灯、丝网花灯、走马灯。第三阶段将单一的技能课程演变成融入多学科的综合活动课程。依据课程理论和课程规范，重新制定课程目标，基于逆向设计将评估证据提前于活动内容，使教师明确活动目标的达成度，再优选活动内容、设计课程结构、实施课程管理、进行课程评价，使之具有综合实践活动课程的性质和特点，实现"朱泾花灯"特色项目活动的课程化。

在设计本书的过程中，课题组成员首先根据我校办学理念，结合核心素养，以综合课程指导纲要为指引，一起展开头脑风暴，初步拟定"朱泾花灯"综合活动课程的总目标，然后依据各学科的课程标准、教学基本要求、各学科核心素养、学生的学情，形成科学的、系统的"朱泾花灯"综合实践活动课程目标框架，再是微观落实，全面细化课程分目标。开发团队与课程专家一起研讨课程目标双向细目表，让每个主题要实现的目标清晰明了，让教师对整个课程目标有更全面、更深入的了解。在宏观把握整个综合活动目标的同时，再通过双向细目表，将具体课程目标落实。在主题式综合活动课程中，"主题"尤为重要，因此我们的方法是从学科中挖掘"朱泾花灯"主题内容，所有资源围绕"朱泾花灯"主题搜集、整理，形成主题活动资源；注重整体性，尽可能围绕主题内容、学科核心素养、综合实践活动目标进行通盘考虑；注重综合性，主题方案的设想，不分课内外，尽量从培养学生综合素养的立场出发。我们由此明确了"花灯史学""花灯工坊""花灯戏台""大唐文化"四大主题，共30个花灯系列小课程。

尽管我校开展了相关的工作，设置一些相关的课程，这些课程看起来是专业性的，但其涉及的内容往往学科化有余，传统性传承性却不足，值得我们学校继续探索与深入研究。

上海市金山区朱泾第二小学校长　孙翠英

2021 年 8 月

目录（下册）

第一单元　花灯史学　/1
灯谜会　/1

第二单元　花灯工坊　/17
探秘走马灯　/17

小花灯设计师　/38

亮花灯　/59

花灯宣传　/72

第三单元　花灯戏台　/91
花灯舞　/91

花灯小导游　/112

第四单元　大唐文化　/129
大唐金融　/129

唐朝民俗游戏　/150

大唐徭役　/168

唐朝书法　/185

唐朝历史　/206

唐朝配饰　/225

大唐服饰　/245

后记　/262

第一单元

花 灯 史 学

灯 谜 会

活动目标

1. 了解古代灯会,知道灯会上的活动项目。

2. 围绕灯谜会目标,自主设计心目中喜爱的灯谜会活动,能根据同伴建议适时调整活动方案。

3. 通过多种渠道搜集灯谜资料,对灯谜的难易程度提出自己的想法,并能自主选择合适的方式进行整理与区分。

4. 了解毛笔书法,能用毛笔字誊写谜面。

5. 根据场地特征,合理设计灯谜会场地布局。

6. 了解氛围对活动开展的作用,知道通过音乐、服饰、奖品等增加活动的趣味性。

7. 明确方案,为高质量开展灯谜会活动奠定基础,养成规则意识。

8. 遵守规则,有组织、有顺序地开展灯谜会活动;能以小组为单位,整理、归纳活动资料,提升记录整理的能力。

活动内容

活动一:了解古代灯会

活动二:筛选灯谜

活动三:制作灯谜条

活动四:布置场地

活动五:营造氛围

活动六:确认流程及分工

活动一　了解古代灯会

知识链接

元宵灯会

每年农历的正月十五日，迎来的就是中国传统节日——元宵节。正月十五日是一年中第一个月圆之夜，也是一元复始、大地回春的夜晚。在这天上皓月高悬的夜晚，人们出门赏月，燃灯放焰，喜猜灯谜，共吃元宵，合家团聚，同庆佳节。元宵佳节的张灯结彩，开始从只限于深宫禁苑，后慢慢走向民间大众，使"灯火满市井"的场景颇为壮观。在古代，很多文人墨客都曾用生动的诗歌，描绘当朝当代利用灯彩来增添节日气氛的社会风尚。

探究活动

1. 观看视频，了解灯会的起源，完成下面填空。

灯会起源自＿＿＿＿朝，当时的＿＿＿＿（谁）为弘扬佛法，＿＿＿＿＿＿（时间）的夜晚，在宫中和寺院中燃灯敬佛。此后，灯会便流传至民间。

在＿＿＿＿代，发展成为盛况空前的灯会。＿＿＿＿＿＿＿＿（时间）以后，灯会已发展为全民性的狂欢节。中华人民共和国成立后，民间匠人将传统的制灯工艺和＿＿＿＿＿＿＿紧密结合，使彩灯更加富有趣味，也让灯会这门古老的艺术更加绚丽多彩。

2. 阅读灯会相关的资料，将灯会活动项目和图画连在一起。

走百病

迎紫姑

猜灯谜

逐　鼠

3. 画一画你最喜欢的灯会上的活动。

4. 我画的是灯会上的_____
（活动名称）。我的好朋友_____画的是_____，我觉得他画得很好。

活动二　筛选灯谜

知识链接

谜　语

　　谜语又称灯谜，主要指暗射事物或文字等供人猜测的隐语，也可引申为蕴含奥秘的事物。谜语源自中国古代民间，历经数千年的演变和发展，是中国古代劳动人民集体智慧创造的文化产物。猜灯谜是一种文字联想游戏，其寓意深邃，涉猎的知识面广，适合在不同阶层、不同年龄但具有一定文化水平的人们中间进行。

探究活动

1. 搜集谜语

要求：将搜集的谜语记录在下表中。

序　号	谜　面	谜　目	谜　底

2. 整理谜语。

我们小组共搜集了_____条谜语。这些谜语包含 _____（谜语的种类）。

3. 划分谜语难易程度。

（1）组内讨论：哪类谜语较容易猜出来？哪类谜语较难猜出来？说说理由。

_____

_____

（2）全班交流划分谜语难易程度的准则。

（3）将组内搜集的谜语编号，并根据讨论结果，完成下面表格。

难易程度	表示符号	灯谜序号
非常简单	☆	

活动三 制作灯谜条

知识链接

毛笔书法

毛笔书法是中国特有的一种传统艺术。中国汉字是劳动人民创造的，开始是以图画形式表示文字，经过几千年的发展，演变成了当今的文字。古代长期用毛笔写字，便产生了书法，均以毛笔书写汉字为主。至于其他书写形式，其书写规律与毛笔书写规律相比，并非迥然不同，而是基本相通。

探究活动

1. 观看视频，了解毛笔书法，完成下面填空。
中国汉字是＿＿＿＿＿＿＿创造的，开始以＿＿＿＿＿＿＿形式表示文字。＿＿＿＿＿＿＿是书法艺术文化的发源地，也是最早使用毛笔的国家。毛笔书法一共有5种书体，即＿＿＿＿＿、＿＿＿＿＿、＿＿＿＿＿、＿＿＿＿＿、＿＿＿＿＿等5种书体书法。

2. 毛笔出厂时，笔头通常用植物胶粘着，这样既便于包装，又不折损笔毛，还能使笔毛直顺、踏实。请你根据新毛笔的开笔方法排序。

（　　）　　　　　（　　）　　　　　（　　）

3. 了解永字八法。

永字八法,是中国书法用笔法则,以"永"字八笔顺序为例,阐述正楷笔势的方法:点为侧,侧锋峻落,铺毫行笔,势足收锋;横为勒,逆锋落纸,缓去急回,不可顺锋平过;直笔为努,不宜过直,太挺直则木僵无力,而须直中见曲势;钩为趯(tì),驻锋提笔,使力集于笔尖;仰横为策,起笔同直画,得力在画末;长撇为掠,起笔同直划,出锋稍肥,力要送到;短撇为啄,落笔左出,快而峻利;捺笔为磔(zhé),逆锋轻落,折锋铺毫缓行,收锋重在含蓄。

4. 描红。

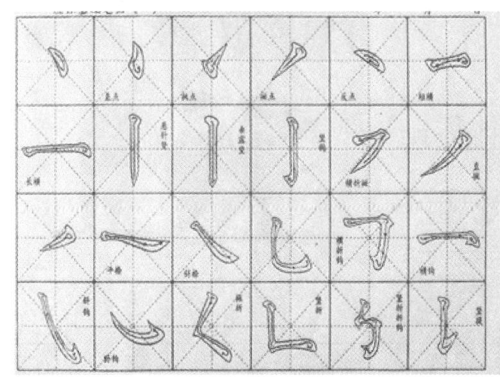 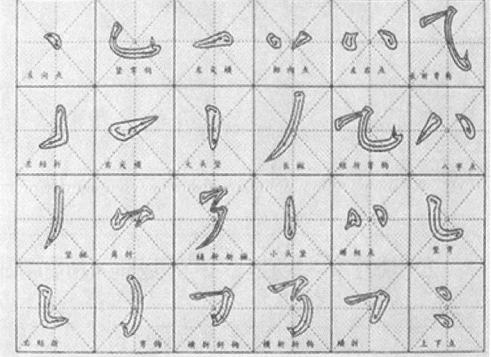

5. 用毛笔在谜语条(另外提供)上誊写谜面。注意写上谜语的编号,字迹要端正……

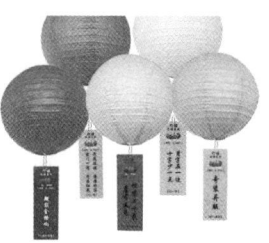

6. 我觉得_____同学书写的谜语条最好,因为_____。

活动四 布置场地

 知识链接

布置场地

灯谜会的场地布置主要以小组为单位，有计划、有组织、有顺序地布置。学生在活动中要能注意自身和同伴安全，主动给予同伴帮助，从而提升自身的规则意识和安全意识。

 探究活动

1. 组内讨论，灯谜会现场需要的布局。

   我们小组觉得灯谜会现场需要_____

   _____。

   听了第_____组的介绍，我们认为灯谜会现场还需要_____

   _____。

2. 以教室为场地，设计场地布局简图。

3. 全班交流。

我觉得第_____组的场地布局比较合理。

第_____组为我们提出了修改意见,他们的意见是_____
_____
_____。

4. 修改场地布局。

5. 依据设计的场地布局图,在教室中布置场地。

6. 总结。

在实际布置过程中,我们小组修改了原设计稿中_____的位置,因为_____
_____
_____。

活动五 营造氛围

知识链接

古人的服饰

中国古代男子服饰的风格是实用与庄重，女子服饰的风格则是浪漫多姿。唐代继承了春秋、战国、汉魏六朝时期的风格，融春秋服饰的严谨、战国服饰的舒展、汉代服饰的明快、魏晋服饰的飘逸为一体，又在此基础上更加华贵，使服饰、服饰图案达到了历史上的高峰。唐代的服饰、服饰图案对后代的影响一直沿续到今天。

探究活动

1. 氛围营造的重要性。

活动氛围要是营造得好，能够让参与者更能感受到活动的魅力，激发参与感。

（1）观看豫园灯会的视频。

（2）想一想：怎样让灯谜会更有意思？我觉得_____

_____。

听了同学们的发言，我觉得灯谜会上可以通过_____

_____渲染气氛。

2. 服饰装扮。

在开展灯谜会时，工作人员可以穿一穿唐装，戴一些装饰品，让参与者感觉就像穿越到古代参加灯会一样。

（1）上图为唐朝女子、男子服饰，简单描述这些服饰的特点。

_____

（2）设计一件唐朝的服饰，将服饰的简图画在上图右边的方框中。

（3）我设计的是一件（男子/女子）的服饰，这件衣服是_____
_____（描述衣服的样子）。

（4）我觉得_____同学设计的唐朝服饰很漂亮。

3. 奖品设定。

（1）我觉得猜对谜语之后可以奖励_____。

听了同学们的发言，我觉得奖品还可以是_____。

（2）经过小组讨论，我们选定的奖品及数量如下表：

谜语难易程度			
奖品种类			
奖品数量			
奖品总量			

4. 音乐烘托。

我觉得灯谜会上可以播放一些_____（类型）的音乐，比如：_____
_____。

我觉得_____同学推荐的音乐_____很棒。

第一单元 花灯史学

活动六 确认流程及分工

  知识链接

流 程 图

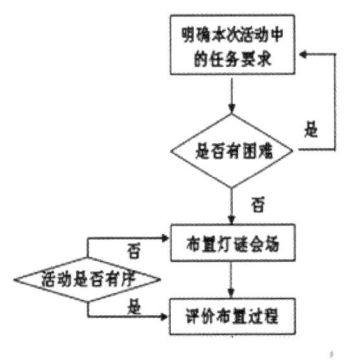

流程图是以特定的图形符号加上说明，表示算法的图。流程图的类型包括文件流程图、数据流程图、系统流程图、程序流程图等。其中程序流程图也称为过程流程图，是利用一定的符号将实际的流程以图形方式表现出来，以便于确定可能的变量的形式。其特点是强调流程（即时间产生的先后），作用是流程梳理、查漏补缺、流程跟踪。

  探究活动

1. 制定猜谜规则。

（1）以流程图的形式，呈现猜谜的过程。

（2）我觉得第_____组的流程图清晰表达了猜谜的过程。

第_____组为我们提出了修改意见，他们的意见是

_____

_____

_____。

（3）完善流程图。

2. 设计集星卡。

（1）设计一张集星卡，在猜谜活动中记录猜对谜语的个数。

（2）我觉得第_____组的集星卡设计得比较合理。

第_____组为我们提出了修改意见，他们的意见是_____

_____

_____。

（3）完善集星卡。

3. 分工。

（1）在灯谜会活动开展之前，需要完成的工作是：_____
在活动进行中，需要的工作是：_____

（2）经过协商，我们组的人员安排如下表：

活　动	项　目	人　员	要　求
布置会场			
猜灯谜活动			

（3）布置会场中，我的任务是_____。
我觉得在完成这项任务时需要注意_____
_____。

猜灯谜活动中，我的任务是_____，
我觉得在完成这项任务时需要注意_____
_____。

（4）我的好朋友_____在布置会场活动中的任务是_____，
他在猜灯谜活动中的任务是_____
_____。

活动评价表

评价内容	自评	互评	师评
活动一			
了解灯会起源，完成填空			
知道灯会活动项目，能准确连线			
能画出最喜欢的灯会上的活动			
能发现画得最好的作品			
活动二			
能完成搜集谜语的表格			
能按要求整理谜语			
能根据谜语难易程度完成表格			
活动三			
能认真观看视频，了解毛笔书法			
正确排序新毛笔开笔方式			
仔细阅读，知道永字八法			
能用毛笔正确描写汉字的基本笔画			
用毛笔誊写谜面			
活动四			
知道布置灯谜会现场需要的道具			
能以教室为场地，设计灯谜会场地布局简图			
能客观评价他人的作品，并提出改进意见			

续表

评价内容	自评	互评	师评
能根据他人的建议,修改完善场地设计图			
活动五			
能说出营造氛围重要性的理由			
能简单描述唐朝服饰的特点			
能设计一件唐朝服饰			
能描述所设计服饰的样子			
能合理选择奖品,并制定奖品发放规则			
能选择合适的音乐渲染气氛			
活动六			
能制定猜谜规则			
合理设计集星卡			
合理安排灯谜会活动中的人员			
能明确自己在活动中的任务			
知道同伴在活动中的任务			

评价标准:优秀,良好,一般

第二单元

花 灯 工 坊
探秘走马灯

活动目标

1. 知道走马灯的特点，学会利用网络资源查找资料，提高搜集、汇总信息的能力；形成良好的合作和交流的氛围，养成合作意识。

2. 知道走马灯和水转百戏的造型、原理及起源；理解并遵守活动规则，有序开展玩转走马灯的实验，初步形成集体思想、组织观念。

3. 知道筒形走马灯的制作步骤，学会利用材料包制作筒形走马灯，并能运用多种方法进行创意改变，提高技术操作水平，发展实践创新能力。

4. 知道传统走马灯和现代走马灯的区别，能创意制作现代走马灯，提高技术意识、工程思维和动手操作能力；乐于交流与分享制作感受，提高表达能力，感受工匠精神。

5. 了解名片的历史、作用与构成要素，能运用文字、图形、色彩等要素，为现代走马灯定制独特的"名片"；乐于展示走马灯与"名片"，并能客观评价自己与同伴的作品，提高审美情趣。

6. 尝试为"穿越大唐——探秘走马灯"活动设计方案，并能客观地评选班级"最佳方案"；初步养成自理能力、自立精神和热爱生活的态度；能有序开展活动，理解并遵守公共空间的基本行为规范。

活动内容

活动一：认识走马灯。

活动二：初探走马灯。

活动三：筒形走马灯。

活动四：创意走马灯。

活动五：展示与交流。

活动六：探秘走马灯。

活动一　认识走马灯

知识链接

走 马 灯

　　走马灯在秦汉称蟠螭（pān chī）灯，在唐朝称仙音烛和转鹭（lù）灯，在宋朝称马骑灯，是我国特色工艺品，亦是传统节日玩具之一，属于灯笼的一种，常用于元夕、元宵、中秋等节日。走马灯是在灯内点上蜡烛，烛产生的热力造成气流，令轮轴转动。轮轴上有剪纸，烛光将剪纸的影投射在屏上，图像便不断走动。因多在灯各个面上绘制古代武将骑马的图画，而灯转动时看起来好像几个人你追我赶一样，故名走马灯，后世便用来比喻来往穿梭不停的事物。

探究活动

1. 花灯大不同。

（1）同学们，仔细观察下列花灯，正确填写花灯的种类。

_____　　_____　　_____　　_____

（2）说一说这些不同种类花灯的特点。

_____
_____
_____

2. 多样的走马灯。

（1）同学们，仔细观察下列三盏走马灯，找出它们的不同之处。

_____
_____
_____
_____
_____

（2）观看视频《趣民间——玩转老北京走马灯》，并回答以下问题。

① 走马灯又叫_____，最早的文字记录源于_____。

② 走马灯是从_____（哪个民间艺术）演变过来的。

3. 走马灯的历史。

（1）同学们，让我们小组合作，利用网络资源找一找走马灯的历史吧！

组长：	组员：
历史来源	
古籍记述	
典　　故	

（2）根据要求，按顺序分组上台交流查找到的相关资料。

交流要求：①小组全员参与；②声音响亮，表达流畅；③资料齐全。

（3）我觉得我们小组表现最好的是_____同学，因为_____
_____（可以从查找资料、交流分享等方面进行评价）。

我觉得表现最好的小组是第_____小组，因为_____
_____
_____。

第二单元　花　灯　工　坊

活动二　初探走马灯

知识链接

走马灯的制作原理

加热空气，造成气流，并以气流推动轮轴旋转，按此原理造成的灯就是走马灯。走马灯的发明，最晚在宋代，南宋时已极为盛行。

走马灯虽是个玩具，但它的制作原理与现代燃气轮机相同，是燃气轮机的雏形。欧洲在1550年发明了燃气轮，用于烤肉。以后在工业革命中，燃气轮得到发展，用于工业生产，产生巨大的革命性的后果，燃气轮机及衍生而出的涡（wō）轮喷气式发动机，被广泛用于发电、船舶、航空，对人类经济、军事作出了不可估量的贡献。

探究活动

1. 走马灯的制作原理。

同学们，仔细阅读知识链接中的文字资料，回答以下问题。

（1）走马灯的原理是_____。

（2）走马灯的发明，最晚在_____，在_____已极为盛行。

（3）走马灯虽是个玩具，但其与_____的原理却如出一辙。

（4）欧洲在_____（年代）发明了燃气轮，之后衍生出了_____，_____对人类经济、军事作出了不可估量的贡献。

2. 走马灯与水转百戏。

同学们，仔细阅读文字资料，并完成以下任务。

运用机械原理，创制一些玩具，不但丰富了人们的生活，也体现了中国古代高超的设计思想和创造才能。水转百戏和走马灯，就是其中的代表。

三国时期，有人送给魏明帝一个木制的玩具，上面有百戏（古代的杂技）的造型，形象优美、制作精巧。但是，这些小模型都是固定的，不会活动，于是便请著名的机械发明家马钧加以改制。马钧用木头做了一个大原动轮，平放在地上，用水力驱动，原动轮便能带动百戏的模型活动起来，变得非常热闹："设为女乐舞象，至令木人击鼓吹箫；作山岳，使木人跳丸掷剑，缘垣倒立，出入自在；百官行署，舂磨、斗鸡，变化百端。"如此精巧生动的造型活动，其内部一定有一套复杂的齿轮系统，以及凸轮、连杆等传动机构，它所达到的机械水平是十分高超的。

（1）_____时期，有人送给魏明帝一个木制的玩具，上面有百戏的造型，但这些模型不会活动，于是便请著名的机械发明家_____加以改制，这就是好玩的_____。

（2）根据文字中描述的水转百戏的造型和原理，试着在下面的方框中画一画。

我觉得_____（同学）画得最好，因为_____。

3. 玩转走马灯。

同学们，你们看，桌面上有许多走马灯，它们看上去模样差不多，大家一定很好奇，是不是所有走马灯都能顺利转动呢？快来猜一猜、玩一玩吧！

（1）活动要求：

① 四人一组，合作完成实验。

② 安全、有序地开展实验，不喧哗、不争抢。

③ 如实记录猜测结果和实验结果，填写实验结论。

（2）有序地开展实验，并认真填写下列表格。

实验内容	猜测结果	实验结果	实验结论
风轮叶片是平的			
风轮叶片朝不同方向倾斜			
风轮叶片朝相同方向倾斜			
点燃一支较小的蜡烛			
点燃一支较大的蜡烛			
点燃两支蜡烛，对称放置			

备注：在猜测结果和实验结果栏目中，用"√"表示走马灯能转动，用"×"表示走马灯不能转动。

（3）根据模板，针对实验内容、结果和结论进行交流与分享。

我们小组尝试了_____种实验内容，当_____（实验内容）时，实验结果是_____，结论是_____。

（4）在活动过程中，我觉得第_____小组表现最好，因为_____。

活动三　筒形走马灯

知识链接

槐坎（huái kǎn）走马灯

槐坎走马灯相传已有230多年的历史。清朝咸丰年间，当地有王氏兄弟四人，长兄王荣堂是极具经济头脑之人，动员家乡人种树养畜，因此家家户户圈养了许多家畜。夜晚喂食时，村民点灯笼照明，灯笼上写一个"马"字，以祈求六畜兴旺。后经过演变，出现了具备马的形状的"马灯"，并渐渐形成了一套表演形式，每逢喜庆节日，村上便有走马灯表演。走马灯象征着太平、吉祥，所以亦有"太平马灯"之称。最早的走马灯表演规模很小，只有一两只，经过发展加工，渐渐增加，最多时达16只。马灯分为头、身、尾三截，每一截都装有小灯泡（最早用蜡烛），女演员从身体与尾部中间钻进去，将马灯用绳拴在身上，用手拿着马头舞动。小丑手握一根棍子（棍顶有一盏灯）在前面引路，马夫手持马鞭，在马灯周围表演。

探究活动

1. 认识材料包。

（1）同学们，仔细观察材料包里的材料，将下列图片与名称正确连线。

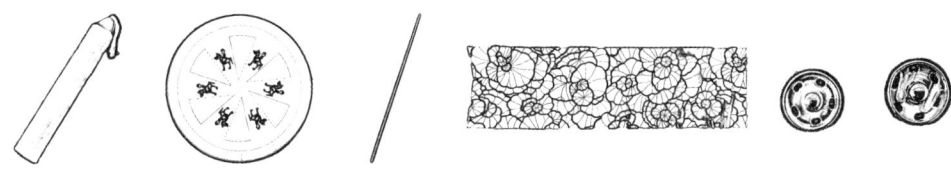

风轮叶片模板　　　子母扣　　　灯罩材料　　　铅丝　　　蜡烛

（2）我连对了_____题，我的同桌连对了_____题。

2. 制作步骤我知道。

（1）仔细观察下列图片，同桌之间交流讨论，为筒形走马灯的制作步骤排序。

我觉得正确的制作步骤是_____。

（2）我觉得最难的是第_____步，因为_____
_____。和我有相同想法的是_____（同学），
我们的解决办法是_____
_____。

3. 制作筒形走马灯。

（1）根据制作步骤，利用材料包，制作筒形走马灯。

（2）将完工的筒形走马灯放到讲台上展示。

（3）我觉得_____（同学）制作的走马灯最好，因为_____
_____
_____（可以从完整性、细致度等方面进行评价）。

4. 创意改变走马灯。

（1）现在，大家的筒形走马灯都是利用材料包制作的，完成后基本都是一样的，同学们有没有好方法，可以让筒形走马灯变得与众不同？

我觉得可以改变（风轮叶片/灯罩），使走马灯变得与众不同，可以使用_____（如绘画等方法）使走马灯变得更加美观。

（2）根据自己的创意，选择合适的工具与材料。

我选择的是_____（方法）创意制作走马灯			
工具	□ 剪　刀	□ 美工刀	□ 其　他_____
材料	□ 彩　纸　　□ 铅画纸　　□ 白　纸　　□ 彩　笔 □ 双面胶　　□ 固体胶　　□ 其　他_____		

（3）根据活动要求，创意改变走马灯。

活动要求：

① 制作精美，创意独特。

② 保持环境干净、整洁。

③ 安全使用手工工具。

（4）秀秀我的创意筒形走马灯。

我改变的是走马灯的_____（组成部分），我选择的是_____的方法制作创意筒形走马灯，与我选择相同的同学还有_____。

（5）评价创意筒形走马灯。

从创意、制作等方面进行评价，选出班级的"最佳创意奖"和"最佳制作奖"。

我觉得"最佳创意奖"的获得者是_____（同学），"最佳制作奖"的获得者是_____（同学）。

活动四 创意走马灯

 知识链接

走马灯的现代用法——流动字幕显示屏

横向或直向不断移动的字幕，常用于电视新闻，如新闻跑马灯。

新闻跑马灯是在电视新闻画面上的一个小空间，通常是用来显示头条新闻或是新闻报道中较小的细节。新闻跑马灯有时也指在某些建筑物、网站或室内空间用来表现信息的显示板。

探究活动

1. 同学们，仔细观察这两盏走马灯，说说它们的相同之处和不同之处。

（1）它们的相同之处是_____

_____。

（2）它们的不同之处是_____

_____。

2. 同学们，你们知道这是什么吗？它的作用是什么呢？

我觉得这是_____，它的作用是_____
_____
_____。

3. 同桌两人交流，如何利用旋转底座制作走马灯，并制定方案。

> **我的方案**
>
> 我选择利用_____（材料），
> _____
> _____
> _____（方法）
> 制作现代走马灯，主题是_____，通过旋转底座的开关，使其转动起来。

4. 交流分享制作方案和构思。
（1）根据要求，积极交流分享制作方案和构思。
交流要求：声音响亮，表达清晰。
倾听要求：认真倾听，提出改进意见。
（2）和我想法类似的同学有_____，
和我想法不同的同学有_____。

5. 根据范例、结合方案，创意设计现代走马灯的制作草图。

6. 交流讨论，完善草图。

（1）交流、分享制作现代走马灯的设计草图。

（2）我觉得_____（同学）的草图设计得比较好，因为_____
_____（可以从创意、可行性等方面进行评价）。
我觉得_____（同学）的草图还需完善，比如_____
_____（具体阐述改进意见）。

（3）根据交流分享的情况，修改、完善现代走马灯的设计草图。

7. 根据方案和草图，领取相应的工具与材料，创意制作现代走马灯。

（1）制作要求。

① 制作精美，创意独特。

② 安全使用工具，保持环境整洁。

（2）交流分享制作感受。

① 在制作的过程中，我遇到的困难有：_____
_____。

② 我的解决方法是_____
_____。

活动五　展示与交流

知识链接

名　片

名片，又称卡片，中国古代称名刺，是标示姓名及其所属组织、工作单位和联系方法的纸片。名片是新朋友互相认识、自我介绍的最快捷有效的方法。交换名片是商业交往的第一个标准官式动作。

名片的构成要素有：造型（插图、标志、商品名、饰框和底纹）、文字（公司名、标语、人名、联络资料）和其他相关要素（色彩、编排）。

探究活动

1. 仔细阅读"知识链接"中的文字资料，回答以下问题。

（1）名片在中国古代称为_____，是_____。

（2）名片的作用是_____。

（3）名片的构成要素有_____。

2. 以下这些图片是不同种类的"名片"，有的用来介绍人物，有的用来介绍文物，有的用来介绍建筑或桥梁，仔细观察，说说它们的相同之处和不同之处。

①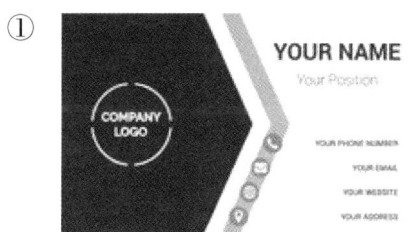

②

③  ④

（1）它们的相同之处有_____。

（2）它们的不同之处有_____。

3. 选一选。

（1）想一想，如果为你的现代走马灯定制一张独特的"名片"，需要包含哪些要素呢？（可多选） （   ）

A. 名称　　B. 工具材料　　C. 设计思路　　D. 制作方法　　E. 主题内容

F. 图案　　G. 色彩

（2）说说选择的理由_____。

4. 同学们，大胆发挥想象，为你的现代走马灯定制一张独特的"名片"吧！（可在方框中用图形、文字、色彩等形式表现）

5. 展示与评价。

（1）看，我们的走马灯已经展示在桌上了，让我们把完成的"名片"放到它们的旁边吧！

（2）仔细欣赏同学们的走马灯和"名片"，为你最喜欢的"名片"贴上小红花贴纸，投上宝贵的一票！

评价标准：①能表现走马灯的特点；②图文并茂，色彩鲜艳；③字迹端正，制作精美。

（3）我的作品获得了_____票，获得票数最多的同学是_____，因为_____。

活动六　探秘走马灯

知识链接

唐朝的元宵节

唐朝时的元宵节阵势相较于现今，大约更有韵味一些。"火树银花合，星桥铁锁开。暗尘随马去，明月逐人来。游伎皆秾李，行歌尽落梅。金吾不禁夜，玉漏莫相催。"从唐人苏味道的一首《正月十五夜》大概可窥出唐人欢度元宵节之盛况。

盛唐时期的中国，国富民强，通过由国都长安直抵地中海沿岸的陆上丝绸之路，将辉煌灿烂的中华文明传播四海，成就了中国古代文化的鼎盛时期。但是当时的唐朝其实是实施宵禁的，如果您在半夜出门乱溜达，很快就会被巡逻的武侯带回去问话，但是在元宵节前后三天，却取消宵禁的限制，以方便人们赏灯，称为"放夜"。所以，在这难得的三夜内，上至王公贵族，下至贩夫走卒，无不出外赏灯。以至于长安城里车马塞路，人潮汹涌，热闹非凡。

探究活动

1. 设计活动方案。

同学们，转眼又是一年毕业季，我校将举行一年一度的"穿越大唐·载梦飞翔"活动，我们班级将负责"探秘走马灯"互动体验室。相信很多同学参与过往届活动，知道活动形式与活动内容，也有很多体验感受，请同桌之间交流讨论，根据以下模板，尝试为本次活动设计方案。

"探秘走马灯"活动方案

一、活动时间

二、活动地点

三、参与人员

四、活动准备

五、活动内容

六、活动形式（过程）

2. 交流、分享活动方案，评选出"最佳方案"。

（1）积极交流分享活动方案，声音响亮，表达清晰。

（2）我觉得_____（同学）的活动方案最好，因为_____

_____

（可以从方案的完整性、可行性，活动的趣味性、参与度等多维度进行评价）。

（3）我的同桌选择的是_____（同学）的活动方案，因为_____

_____。

（4）全班投票，选出班级的"最佳方案"，确定为本次活动的最终方案。

3. 制订模拟活动安排表。

同学们，为了检验我们的活动方案是否合理、可行，我们将进行一次"探秘走马灯"班级模拟活动，想一想：如何分工？每项任务人数多少？试着填写在下面的表格中。

"探秘走马灯"班级模拟活动安排表（1）			
扮演角色	具体任务	所需准备	所需人数
指导老师	指导学生完成活动任务	提前制作成品，熟悉步骤	4
参与学生			

4. 交流讨论，确定"探秘走马灯"班级模拟活动的任务安排。

（1）积极交流、分享模拟活动安排表，并说一说理由。

我觉得角色一共需要_____种，分别是_____

_____，

_____（角色）负责的具体任务是_____

_____

_____，

需要准备的工具材料有_____，需要的人数是_____。

…………

（2）结合大家的意见，确定"探秘走马灯"班级模拟活动的任务安排。

5. 根据大家的兴趣和特长，合理分配任务，并将名单填写在下面的表格中。

"探秘走马灯"班级模拟活动安排表（2）	
扮演角色	具体名单（可写学号）
指导老师	
参与学生	

6. 根据各自扮演的角色，分组准备。

准备要求：

（1）小组合作，人人参与。

（2）文明礼貌，安静有序。

（3）安全使用工具，保持环境整洁。

7. 有序开展"探秘走马灯"班级模拟活动。

活动要求：

（1）遵守规则，有序活动。

（2）积极体验，人人参与。

（3）安全使用工具，保持环境整洁。

8. 交流、分享活动体验的感受。

我体验的是_____（角色），在活动中我的感受是_____

_____，

我觉得这些环节还需改进_____

_____。

活动评价表

评价内容	自评	互评	师评
活动一			
能正确写出花灯的种类和特点			
能说出3盏走马灯之间的不同之处			
能在视频中找到走马灯相关问题的答案			
能小组合作，利用网络资料，查找走马灯的历史			
乐于分享、交流查找到的资料			
能客观地评价自己与同伴的表现，并说明理由			
活动二			
能正确回答走马灯的原理和起源			
能正确填写水转百戏的起源和发明者			
能用简单的图形表现水转百戏的造型和原理			
能遵守活动规则，有序开展玩转走马灯的实验			
能如实记录猜测结果和实验结果，填写实验结论			
能针对实验内容、结果和结论进行交流与分享			
能客观地评价自己与同伴的表现，并说明理由			
活动三			
能将材料的图片与名称正确连线			
能为筒形走马灯的制作步骤图正确排序			
能选出最难的步骤并提出解决办法			

续表

评价内容	自评	互评	师评
能利用材料包制作筒形走马灯			
能选择合适的方法、工具和材料创意改变走马灯			
能用简单的语言介绍自己的创意走马灯			
能客观地评价同伴的作品，选出"最佳创意奖"和"最佳制作奖"			
活动四			
能发现传统走马灯和现代走马灯的区别			
能说出旋转底座的名称和作用			
能利用旋转底座合理制定方案			
积极交流分享制作方案			
能根据方案设计现代走马灯的草图			
乐于交流分享设计草图，并修改、完善草图			
根据方案和草图，创意制作现代走马灯			
乐于交流分享制作感受			
活动五			
能说出名片的历史、作用与构成要素			
能发现不同种类名片的区别			
能选择定制走马灯"名片"所需包含的要素，并说明理由			
能为现代走马灯定制独特的"名片"			
乐于展示走马灯及其"名片"			
能客观评价自己和同伴的作品，并说明理由			

续表

评价内容	自评	互评	师评
活动六			
同桌合作，尝试为"探秘走马灯"活动设计活动方案			
能积极交流、分享，评选、确定班级"最佳方案"，并说出理由			
尝试填写"探秘走马灯"班级模拟活动安排表			
能确定"探秘走马灯"班级模拟活动的任务安排			
能根据大家的兴趣和特长，合理分配任务			
能根据要求，按各自扮演的角色分组准备			
能根据要求，有序开展"探秘走马灯"班级模拟活动			
乐于交流、分享活动体验的感受，并提出改进意见			

评价标准：优秀，良好，一般

小花灯设计师

活动目标

1. 知道花灯的种类与装饰方法，了解生活中常见的加工材料的特性和用途，能正确使用生活中常见的手工工具。

2. 知道组装四角宫灯的步骤，学会正确使用美工刀裁切小木棍；能利用材料包，两人合作组装创意四角宫灯，形成良好的合作和交流的氛围，培养不怕困难的精神。

3. 初步学会在自然生活中寻找金山农民画的元素，尝试用绘画或照片的方式进行记录；能根据金山农民画的造型特点和色彩特点，绘制 1～2 幅作品；学会合理利用金山农民画装饰美化四角宫灯，发展艺术感知能力和造型表现能力。

4. 了解六方宫灯的造型特点，知道六方宫灯的组装步骤；能选择合适的版本，两人合作组装六方宫灯，提高合作意识和劳动意识。

5. 初步了解土布贴画装饰宫灯的多种方法，能正确测量六方宫灯的尺寸，设计装饰美化宫灯的草图；初步学会根据草图选择工具材料，装饰美化六方宫灯，逐步形成健康的审美情趣。

6. 能自由组队，合理分配任务，喜欢与同学、师长沟通交往，能与他人合作，敢于用实物、语言、音乐、肢体动作等多种形式，展示自己的作品和设想，初步形成对所在群体的归属感。

活动内容

活动一：工具与材料。

活动二：独特的四角宫灯——创意制作。

活动三：独特的四角宫灯——装饰美化。

活动四：六方宫灯——组装制作我最棒。

活动五：六方宫灯——土布贴画来装饰。

活动六：创意花灯秀。

活动一　工具与材料

知识链接

认识工具与材料

工具原指工作时所需用的器具，后引申为达到、完成或促进某一事物的手段。工具是一个相对概念，因为其概念不是一个具体的物质，所以只要能使物质发生改变的物质，相对于那个能被它改变的物质而言就是工具。

材料是人类用于制造物品、器件、构件、机器或其他产品的那些物质。材料总是和一定的使用场合相联系，可由一种或若干种物质构成。同一种物质，由于制备方法或加工方法不同，可成为用途迥异的不同类型和性质的材料。材料是人类赖以生存和发展的物质基础。

探究活动

1. 花灯的装饰方法。

（1）同学们，仔细观察下列花灯，说说这些花灯分别用到了哪些装饰方法。

 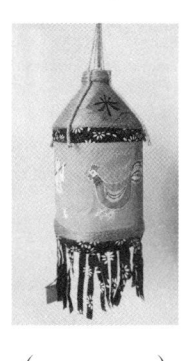  

（　　　）　（　　　）　（　　　）　（　　　）

（2）和你的同桌讨论一下，我们还可以用哪些方法装饰、美化花灯？

2. 工具与材料。

（1）多样的工具。

花灯的制作、装饰、美化工具主要为剪刀、美工刀和尖嘴钳。

① 我们的生活中有各式各样的剪刀，它们的作用也各不相同，请同学们仔细观察，从下列剪刀中选择适合用来制作、装饰、美化花灯的剪刀。

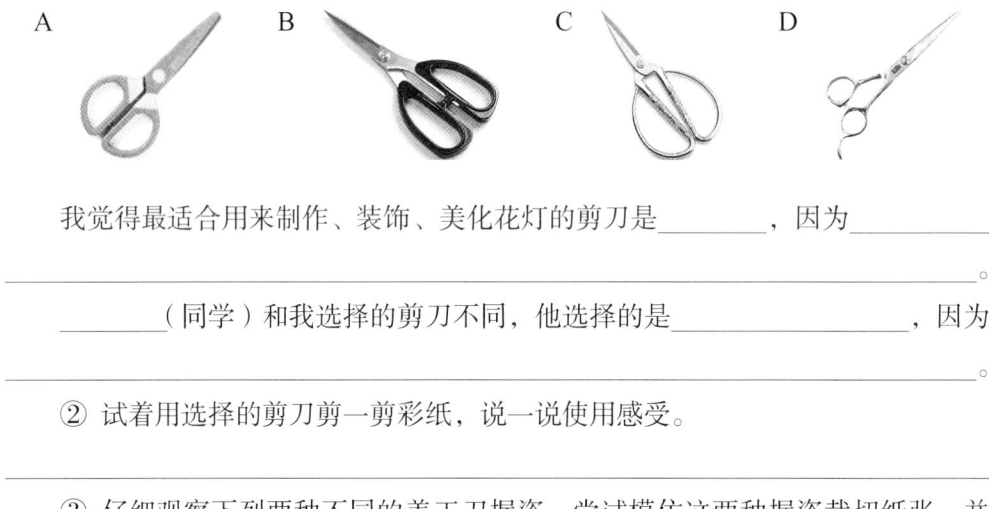

我觉得最适合用来制作、装饰、美化花灯的剪刀是_____，因为_____。

_____（同学）和我选择的剪刀不同，他选择的是_____，因为_____。

② 试着用选择的剪刀剪一剪彩纸，说一说使用感受。

_____

③ 仔细观察下列两种不同的美工刀握姿，尝试模仿这两种握姿裁切纸张，并说一说不同握姿适用的不同情况。

A

B

我觉得握姿 A 适用于_____，
握姿 B 适用于_____
（可从切割的线条、刀头的灵活性、纸张的厚度等方面说明）。

④ 同学们，请仔细观察尖嘴钳的结构，并在括号中写出尖嘴钳各部件的名称。

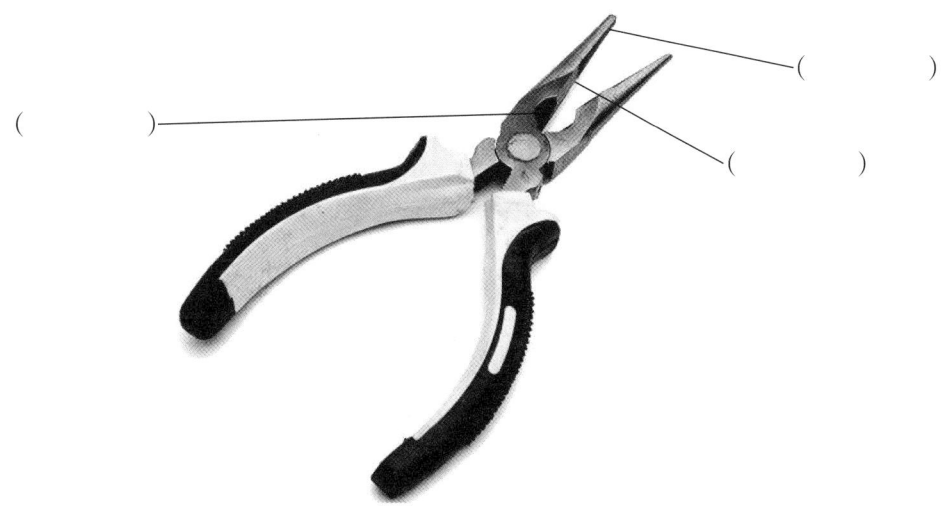

我写对了_____个部件的名称，我的同桌写对了_____个部件的名称。

（2）丰富的材料。

① 认真思考，在以下图片中选出适合用来装饰、美化花灯的材料，并在合适材料下面的括号中打"√"。

（　　）　　（　　）　　（　　）　　（　　）　　（　　）　　（　　）

② 找一找，生活中还有哪些材料可以用来装饰、美化花灯？

_____

③ 我找到了_____种材料，我的同桌找到了_____种材料，_____（哪些材料）是我没有找到的。

活动二 独特的四角宫灯——创意制作

知识链接

手工制作

手工制作原本是个动词短语,但已经逐渐被当作名词使用,意指一些自己动手的趣味性小项目或手工加工项目。

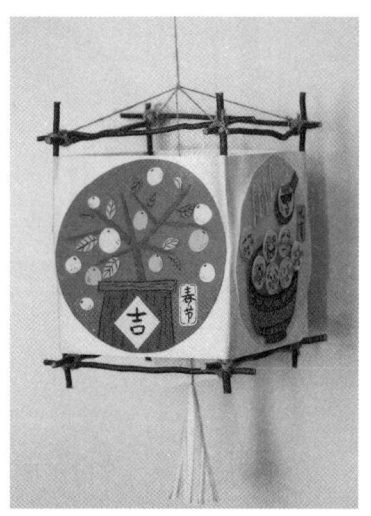

那些再平常不过的物品,经过手工制作高手的一系列简单的拼接和粘贴处理等,就会变成一个崭新的东西。手工制作需要想象,没有想象力,制作出来的东西自然不会引人注目,令人喜欢。花灯的制作就是如此,点亮你头脑里那盏想象的明灯,只要准备剪刀、美工刀、双面胶、直尺、彩笔、纸等工具材料,你就能够制作出独特的花灯。

探究活动

1. 认识宫灯材料包。

同学们，仔细观察宫灯材料包，说一说材料包里都有哪些材料。

_____

_____

2. 组装步骤我知道。

（1）出示四角宫灯，仔细观察宫灯实物和材料包。

（2）同桌两人一组，将下列组装四角宫灯的步骤填写完整。

① _____

② 取金属片，裹在骨架底面两根木棍的中心点位置。

③ 取红绳，将两头分别系在骨架顶部对应的两个顶角上。

④ _____

⑤ 粘贴固定电子 LED 灯。

3. 创意制作我能行。

（1）观察这两盏组装好的四角宫灯，说一说两者之间的区别。

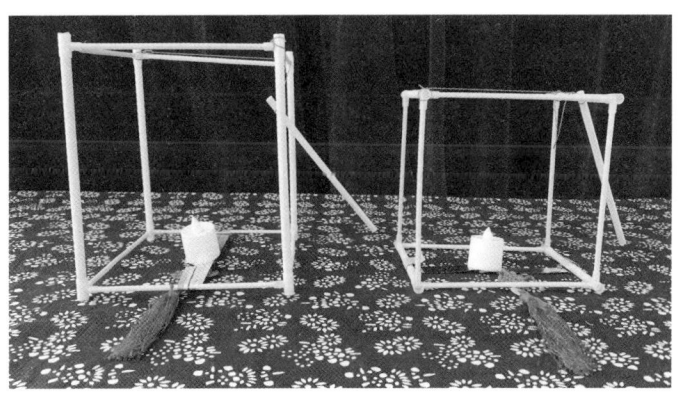

① 它们的区别是_____。

② 想一想，如何用相同的材料包制作出大小不同的四角宫灯。

_____

_____

（2）根据图例，试着裁切出一根 10 厘米的小木棍。

① 用直尺量好尺寸，并标记清楚

② 沿着标记，用美工刀裁切

（3）合作组装创意四角宫灯。

两人一组，交流讨论，确定四角宫灯的尺寸，并记录在下列表格中。

	□ 裁切	□ 不裁切
长度	_____厘米	_____厘米
数量	___4___根	___8___根
备注：如选择不裁切，则记录原始木棍的长度		

根据确定的尺寸，两人一组，合作组装创意四角宫灯。

4. 展示与评价。

（1）我们小组制作的四角宫灯尺寸是长_____厘米，宽_____厘米，高_____厘米。

（2）在创意组装的过程中，我们小组遇到的困难有_____。

我们的解决方法是_____。

（3）我觉得第_____组完成得最好，因为_____（可以从创意、制作等方面进行评价）。

活动三　独特的四角宫灯——装饰美化

知识链接

金山农民画

金山农民画是上海金山的民间传统艺术之一，发起于20世纪70年代，包括灶头画、剪纸漆绘、民间玩具、泥塑和石刻等。金山农民画以浪漫主义的想象力，大胆地进行艺术夸张，构思新颖，色彩明快，造型稚拙，具有江南水乡的独特风韵。

探究活动

1. 寻宝小游戏。

仔细观察上面四幅金山农民画作品，找一找作品中的动、植物。

动物：_____

植物：_____

2. 寻找农民画元素。

（1）同学们，在我们的校园中，也有很多动植物可以作为金山农民画的元素，大家快去找找吧！

① 我找到的动物有_____，我找到的植物有_____。

② 我的同桌找到了_____种不同的动植物。

（2）除了在校园，相信同学们一定能在生活中找到更多适合作为金山农民画元素的动植物，请用绘画或照片的形式将它们记录下来。

动物：	植物：

3. 绘制金山农民画。

（1）两人一组，根据四角宫灯的尺寸，裁剪4张大小合适的画纸。

（2）以动物或植物为主题，每人绘制1～2幅金山农民画草图（可以利用复写纸绘制两幅一样的作品，也可绘制不同的作品）。

（3）选一选，为金山农民画上色需要用到以下哪些材料？（　　　　　）

A. 水粉颜料　　B. 水彩笔　　C. 油画棒　　D. 水粉笔　　E. 水桶　　F. 水

（4）根据金山农民画的色彩特点，选择合适的工具与材料，为草图上色。

① 要求：色彩鲜艳，对比强烈，保持桌面干净、整洁。

② 我们选择的主题是_____（动物或植物），用到的色彩有_____

_____。

4. 装饰四角宫灯。

（1）两人一组，合理运用绘制的金山农民画装饰、美化四角宫灯。

（2）我觉得_____（同学）的四角宫灯最棒，因为_____

_____

_____（可以从创意制作、装饰美化等方面进行评价）。

活动四　六方宫灯——组装制作我最棒

知识链接

六方宫灯

"六方宫灯"是北京宫灯的主要形式,是用紫檀、酸枝、花梨等贵重木材做骨架,再镶上玻璃或纱绢的画屏而制成,有6个面,分为上扇、下扇两层。上扇宽,六角有6根短立柱,上边雕有6个龙头或凤头,六角悬有彩色穗坠,短立柱之间还镶着6块小画屏;下扇窄,有6根长立柱,立柱外侧都有镂空花牙,内侧镶着6块长方形画屏。

探究活动

1. 观察与比较。

同学们,仔细观察四角宫灯与六方宫灯,说一说两者造型的相同之处与不同之处。

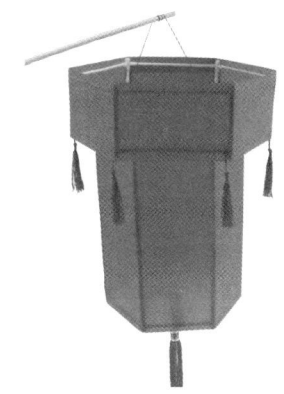

第二单元　花灯工坊

相同之处：_____。

不同之处：_____。

2. 组装六方宫灯。

（1）仔细观察下列图例，为六方宫灯的组装步骤排一排顺序。

1　　　　　　　　　2　　　　　　　　　3

4　　　　　　　　　5　　　　　　　　　6

① 组装六方宫灯的步骤是_____。

② 我觉得最难的步骤是_____，因为_____

_____。

③ 和我有不同意见的是_____（同学），他认为最难的步骤是_____，因为_____。

（2）两人一组交流讨论，根据下面的图例，选择基础版或提高版，合作组装六方宫灯。

基础版

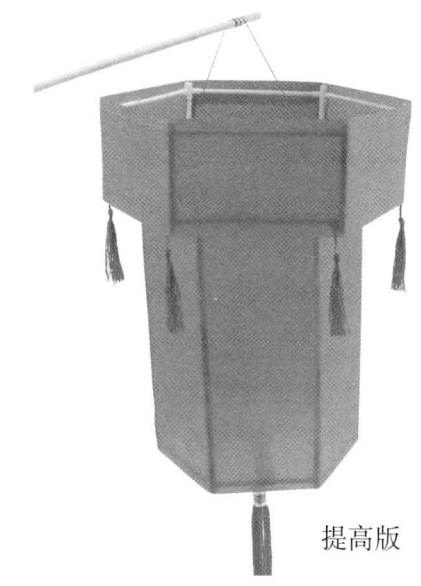
提高版

3. 展示作品，自评互评。

（1）我们小组选择的是_____（基础版或提高版），和我们选择相同的小组有_____。

（2）我觉得第_____组组装的六方宫灯最好，因为_____。

（3）我觉得第_____组组装的六方宫灯还需改进，可以_____。

4. 课后拓展，同伴互助，尝试组装提高版的六方宫灯。

我们小组在_____（同学）的帮助下，组装了提高版的六方宫灯，我的感受是_____。

第二单元 花灯工坊

活动五　六方宫灯——土布贴画来装饰

 知识链接

土布贴画

2019年11月15日，金山区吕巷镇侨联代表姜永勋带着他的土布贴画作品走进了上海都市频道《侬好上海》栏目，为电视机前的观众们献上精彩的土布贴画作品展览。

土布贴画是被列入上海市非物质文化遗产名录的"吕巷土布纺织技艺"的衍生品之一，是通过土布经纬形成和棉线颜色的不同来进行布艺再创作。姜永勋主创的吕巷土布贴画主要传承金山农民画的创作基调和风格，注重色块搭配，具有较强的立体效果，已形成民族画、风景画、盆贴画、剪布贴画四种风格。

 探究活动

1. 同学们，请仔细观察下列花灯图片，将花灯与装饰方法连线。

　　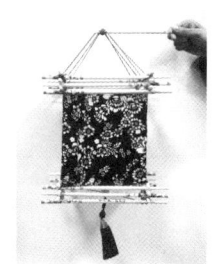　　　　

绘画装饰　　　　　　组合装饰　　　　　金山农民画装饰　　　　土布装饰

2. 观察与比较

仔细观察下列 3 盏花灯，与你的同桌交流讨论，说说它们的装饰方法有什么相同之处和不同之处。

相同之处：_____。

不同之处：_____。

3. 测量六方宫灯的尺寸。

六方宫灯	□ 基础版	□ 提高版
宫灯上扇	长度 _____厘米	宽度 _____厘米
宫灯下扇	长度 _____厘米	宽度 _____厘米

4. 两人合作，设计草图。

（1）两人交流讨论，根据六方宫灯的尺寸，在下面的方框中设计草图。

宫灯上扇（共6个面）		

宫灯下扇（共6个面）		

（2）展示设计草图，说一说设计的理念。

_____

_____

（3）第_____组为我们提出了修改意见，他们的意见是_____

_____。

（4）根据同伴与教师的修改意见，进一步修改、完善草图。

5. 根据设计草图，装饰美化宫灯。

（1）根据设计草图，选择合适的工具与材料。

工具	□ 剪刀　　□ 美工刀　　□ 其他_____
材料	□ 土布　　□ 各类彩纸　　□ 各类彩笔 □ 白胶　　□ 固体胶　　□ 双面胶 □ 其他_____

（2）两人合作，装饰美化六方宫灯。

6. 展示宫灯，总结评价。

（1）说一说，自己的小组是如何装饰美化六方宫灯的。

_____

_____

（2）在装饰美化的过程中，自己的小组遇到了哪些困难？

_____

_____

（3）困难是如何解决的？

_____

_____

（4）我觉得第_____组的六方宫灯最美观，因为_____

_____。

（5）投票评选出"最佳创意奖"。

现在，请同学们用小红花贴纸为喜爱的花灯投票。

得票最多的花灯是第_____组组装、装饰的，恭喜他们获得了"最佳创意奖"！

活动六 创意花灯秀

知识链接

<h2 style="text-align:center">花 灯 秀</h2>

秀,来自英语字母show,是演示、展览、表演的意思。花灯秀,顾名思义,就是手持花灯在台上演示。在进行花灯秀时,有三个元素缺一不可,一是所持的花灯要有创意,二是走秀时人的肢体要协调,三是所配的音乐要和谐。当你具备了这三个元素,花灯秀自然就成功了。

探究活动

1. 自由组队。

(1)在两人小组的基础上,自由组队,最终组成4支8～12人的小队(可以根据花灯的种类或造型等方面进行组队)。

我们小队的队员有_____

_____。

(2)小队队员交流讨论,为小队取一个队名。

我们小队的队名是_____。

2. 明确任务要求。

(1)队内讨论,说一说举办一次花灯秀,需要做好哪些准备。

_____

_____

(2)每组派一位队员交流,明确举办花灯秀的任务要求。

_____

_____

3. 分配任务，排练准备。

（1）小队队员交流讨论，选出一位队长。

（2）队内讨论，根据个人特长与兴趣，合理分配任务，填写在下列表格中，并根据任务，进行排练准备。

队名＿＿＿＿＿＿＿＿	
任　务	姓　名
队　长	
走　秀	
道　具	
音　乐	
PPT	
其他＿＿＿＿＿＿＿＿	

4. 我的花灯我的秀。

（1）提出展示要求与观看要求。

① 展示要求：

各小队按顺序依次进行展示。

自信大方，能展示创意花灯。

配有合适的音乐和肢体动作。

② 观看要求：

认真观看，客观评价。

（2）各小队按顺序依次进行花灯秀展示，其他小队认真观看。

（3）学生互评。

① 队内交流讨论，评选出心目中的"最佳表演奖"。

我们小队觉得＿＿＿＿＿＿＿小队表现最好，因为＿＿＿＿＿＿＿＿＿＿＿＿＿＿＿。

② 和我们选择一致的小队有＿＿＿＿＿＿＿＿＿＿＿＿＿＿＿＿＿＿＿＿＿＿＿。

第二单元　花灯工坊

活动评价表

评价内容	自评	互评	师评
活动一			
能在文字资料中找到正确答案			
能说出花灯的装饰方法			
能选择不同的剪刀并说明理由			
能正确使用剪刀和美工刀			
能说对尖嘴钳各部件的名称			
能找到生活中可以用来装饰美化花灯的材料			
活动二			
能说出宫灯材料包里的材料名称			
能正确填写组装四角宫灯的步骤			
能发现两盏四角宫灯的区别，知道制作大小不同的宫灯的方法			
能裁切出一根10厘米的小木棍			
能合作组装创意四角宫灯			
能表达小组创意组装过程中遇到的困难以及解决方法			
能选出制作最好的小组，并说明理由			
活动三			
能找到金山农民画作品中的动植物			
能在校园中、生活中找到合适的金山农民画元素			

续表

评价内容	自评	互评	师评
能用绘画或照片的形式记录找到的农民画元素			
能根据主题,绘制1～2幅金山农民画草图			
能根据金山农民画的色彩特点为草图上色			
能合理运用金山农民画作品装饰美化四角宫灯			
能选出制作、装饰最好的小组,并说明理由			
活动四			
能说出四角宫灯与六方宫灯造型的相同之处与不同之处			
知道组装六方宫灯的步骤			
能说出组装六方宫灯最难的步骤			
能选择合适的版本组装六方宫灯			
能客观评价他人的作品并提出改进意见			
能利用课余时间,同伴互助,组装提高版的六方宫灯			
活动五			
能将花灯图片与装饰方法正确连线			
能说出土布贴画装饰花灯的不同方法			
能正确测量六方宫灯的尺寸			
能两人合作,设计装饰草图			
能用简单的语言,阐述设计理念			
能倾听他人意见,修改、完善草图			
能根据设计草图,选择合适的工具与材料			

续表

评价内容	自评	互评	师评
能两人合作，装饰美化六方宫灯			
能表达小组装饰美化过程中遇到的困难以及解决方法			
能客观评价他人的作品，选出"最佳创意奖"			
活动六			
能自由组成一支8～12人的小队，并为小队取一个队名			
知道举办花灯秀的任务要求			
选出队长，合理分配任务，进行排练准备			
明确展示要求与观看要求			
能有序开展花灯秀活动			
能选出表现最好的小队并说明理由			

评价标准：优秀，良好，一般

亮 花 灯

活动目标

1. 小组讨论设计串联电路图，依据电路图连接实物，通过对比实验比较花灯点亮效果，最终的点亮效果具有一定的美感。

2. 了解并联电路控制的多样性，依据并联电路图正确连接元件，多样控制点亮花灯。

3. 设计组合电路图，依据电路图连接实物，展示与评价花灯效果，学会肯定他人成果。

4. 综合运用语言、实物、音乐等形式生动展示成果，能肯定和赞赏他人成果并学会简述自己的想法。

5. 小组及组间交流进行小结，并述写美好愿景。

活动内容

活动一：设计串联电路图，点亮花灯。

活动二：设计并联电路图，点亮花灯。

活动三：设计组合电路图，点亮花灯。

活动四：综合展示。

活动五：项目小结会。

第二单元 花灯工坊

活动一　设计串联电路图，点亮花灯

 知识链接

串联电路

几个电路元件沿着单一路径互相连接，每个节点最多只连接两个元件，此种连接方式称为串联。以串联方式连接的电路称为串联电路。串联电路中流过每个电阻的电流相等，因为直流电路中同一支路的各个截面有相同的电流强度。

 探究活动

1. 设计串联电路图。

（1）各小组设计一个串联电路图，绘制要求：3个灯泡、1个开关、1个电源。

（用"———"代表导线、用"⊗"代表小灯泡、用"–о–"代表开关，用"⊢⊢"代表电池）

（2）每组派一位代表将本组的电路图进行交流展示，共同探讨一下各组的电路图设计是否合理。

我们的电路图设计得很棒!（　　　）我们的电路图设计还有待改进!
(　　　)

（电路图设计得不够合理的小组将上面的串联电路图进行修改完善）

2. 选择电路元件。

请各小组依据电路设计图完成电路元件的连接，成功点亮二极管小灯。

| 开关 | 二极管 | 电池盒 | 导线 |

我是第_____小组，_____（能/不能）成功点亮所有二极管。
如果没有成功，请叙述问题出现在哪里，并且讲述是如何解决的。

3. 比较花灯点亮效果。

不同颜色、不同材料的花灯它们被点亮的效果一样吗？我们一起来试一试吧！（在对应方框里打"√"）

花灯材料	点亮效果		
	差	一般	好
丝网灯			
布　灯			
镂空纸灯			

小结：_____

根据上面的实验效果，选出最佳效果的材料和颜色的花灯罩在小灯上，各小组一起展示，我们来看看哪组效果最棒。

第二单元　花 灯 工 坊

活动二 设计并联电路图，点亮花灯

知识链接

并联电路

并联是元件之间的一种连接方式，其特点是将两个同类或不同类的元件、器件等首首相接，同时尾尾亦相连的一种连接方式。通常是用来指电路中电子元件的连接方式，即并联电路。

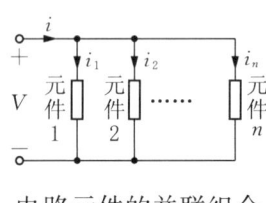

电路元件的并联组合

探究活动

1. 设计并联电路图。

（1）观看短视频，观察不同的控制方式及开关与灯的关系。

花灯控制效果	电　路
如：所有灯同时亮	如：开关同时控制所有灯
1号开关1和3号灯同时亮	
2号开关2和4号灯同时亮	

说一说1、3号灯和2、4号灯是什么连接关系。

它们是_____电路。

（2）同学们想不想也设计一款能够以多种方式控制花灯的电路呢？小组合作设计并联电路图，看看每组的电路可以为我们的花灯带来怎样不同的效果。

（用"———"代表导线、用"⊗"代表小灯泡、用"–∕–"代表开关，用"–|⊢"代表电池）

2. 选择电路元件。

各小组根据小组电路图，在实验工具箱中找出相应的元件进行实物连接点亮。

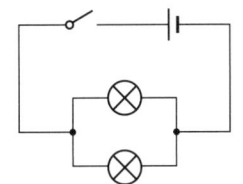 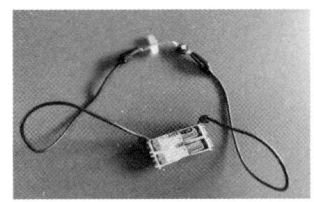

请各小组按照本组电路图进行实物连接，整个过程中有任何问题请及时修改调整。

问题：_____

调整方法：_____

3. 展示花灯效果（罩花灯）。

将本组的花灯罩在小灯上进行展示，看一看哪组的花灯控制效果最棒，请你为最棒的小组点赞。

我为_____小组点赞。

请最棒的小组派个代表上来与大家分享本组的电路图和花灯效果图，主要介绍其优势和特色所在，并讲解其实现的方法。

优势：_____

方法：_____

第二单元 花灯工坊

活动三 设计组合电路图，点亮花灯

知识链接

组合电路

在我们生活中很多场景的电路都是串并联的组合电路，这样的组合电路更加灵活多变。比如说我们家庭中的电路：

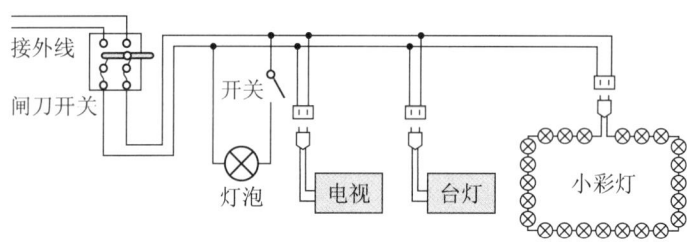

探究活动

1. 设计组合电路图。

为了让我们的花灯点亮方式更加绚烂，各小组参考生活中的电路图，为花灯设计一组有特色有创意的组合电路图。（如下左图所示，请在右边方框中绘制组合电路图）

（用"——"代表导线、用"⊗"代表小灯泡、用"—⌒—"代表开关，用"—|⊦—"代表电池）

2. 连接电路实物图。

（1）请各小组根据小组电路图连接实物图尝试效果，整个过程中有任何问题请及时修改调整。

问题：_____

调整方法：_____

（2）如果电路成功点亮了，请同学们选取合适的花灯罩在不同的小灯上，摆出美丽的花灯造型，记录花灯点亮的最美时刻。

3. 展示花灯效果。

请最具创意的小组派代表上来与大家分享本组的组合电路图和花灯效果图，主要介绍特色和创意，并讲解其实现的方法。

作品创意：_____

_____

_____

_____

_____。

实现方法：_____

_____

_____

_____

_____。

第二单元 花 灯 工 坊 65

活动四 综合展示

知识链接

展 示

展示是指在固定或一系列的地点、特定的日期和期限里,把东西拿出来给人看或使人知道的一种信息传达的形式。

探究活动

1. 小组花灯展会准备。

经过长期努力,各小组都有条不紊地完成了自己小组的亮花灯项目,也取得了非常漂亮的成果,接下来请各小组将漂亮的花灯造型放在规定展区,可依据造型进行适当场景装饰,制作小组展区主题铭牌,并由讲解员向参展人员介绍展区内容。

展会准备	
展示主题	
任务分工	
职　责	负责人
讲解员:负责向参展人员介绍展示主题、寓意、创意等内容以吸引参展人员	

续表

配乐师：负责在平板中选取适合主题的相关音乐并进行播放	
铭牌制作人：制作有创意的主题铭牌	
场务人员：负责简单的场景装饰	

2. 展会成果评定。

请各小组轮流参观其他小组的展区，参展人员对各组花灯展会进行评价，每个人手中都有几张不同的贴纸，分别是：最佳创意、最佳效果、最佳酷炫。小组记录成绩结果。

小组记录情况：

1. 最佳创意＿＿＿＿＿＿
2. 最佳效果＿＿＿＿＿＿
3. 最佳酷炫＿＿＿＿＿＿

3. 奖状颁发。

（1）通过以上统计结果，我们各小组的获奖情况已经出炉，请各小组看一看公示结果。

我们小组获得的是＿＿＿＿＿＿＿＿＿＿＿＿＿＿＿＿＿＿＿＿＿＿＿＿＿＿奖。

（2）请写下自己的感受和收获。

活动五 项目小结会

知识链接

项目总结

一、项目总体情况

二、项目进展历程

三、项目的价值和贡献

四、项目的遗憾和失误

五、总体评价和建议

探究活动

1. 小组总结。

在大家共同努力下，成功地完成了整个项目工作。在整个过程中各小组一定积累了不少经验，请各小组先自我总结整个项目过程中自己的亮点与不足，并进行反思。

项目亮点	项目不足	项目反思及改进措施

2. 组间交流。

请各小组写小结报告并进行交流分享。

组名：＿＿＿＿＿＿＿＿＿＿＿＿＿＿＿＿＿＿＿＿＿＿＿＿＿＿＿＿＿＿＿。

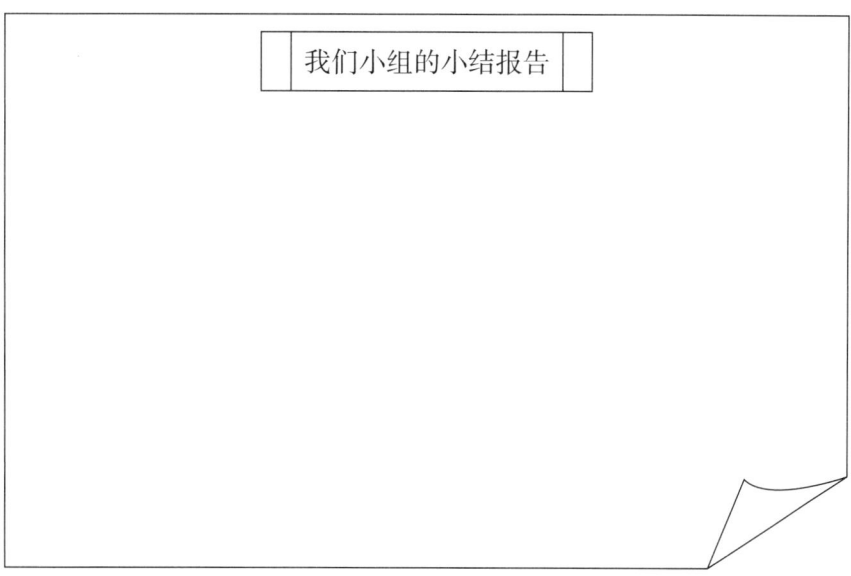

3. 未来愿景。

对于以后的亮花灯项目,你有什么美好的愿景或者想法,把它写出来。

综合活动评价表

评价内容	自评	互评	师评
活动一			
能够按照要求设计一个串联电路图			
能够按照电路图选择并正确连接电路元件			
能够对花灯的点亮效果进行判断			
能够对花灯的视觉效果进行判断			
活动二			
能了解开关与灯的关系并说明是什么电路			
能够设计具有多种控制方式的并联电路			
能够依据电路正确连接元件			
能够清楚讲述本组的优势和特色			
活动三			
能够设计一组有特色有创意的组合电路图			
能够为点亮的灯罩上合适的花灯			
能够清楚讲述本组作品创意及实现方法			
活动四			
小组分工明确,各司其职			
能够公正客观评价小组成果			
能够真实简述花灯综合展示的感受和收获			

续表

评价内容	自评	互评	师评
活动五			
小组总结有亮点,能找出不足并反思			
能够积极参与小报告写作			
组间交流内容简明、有价值			
能真实简述愿景和想法			

评价标准：优秀，良好，一般

花灯宣传

活动目标

1. 欣赏视频、观赏花灯海报，讨论宣传的渠道，了解宣传的作用，能为穿越大唐做初步的规划。

2. 通过教师的指导和教授，能够了解 photoshop 的基本界面和打开画布，感受 photoshop 软件的基本操作方式。

3. 通过教师的指导和教授，能够学会 photoshop 的基本操作"移动""复制粘贴"，初步感受电脑制图的魅力。

4. 了解摄影并初步学会用手机拍摄照片。

5. 设定方案，拍摄素材。

6. 编辑合成视频，播放展示互相评价。

7. 制定具体实施方案，学会分组，能根据教师所提供内容进行制作，并在学校大屏上播放。

活动内容

活动一：了解花灯宣传。

活动二：初识 photoshop。

活动三：运用 photoshop。

活动四：了解摄影。

活动五：拍摄素材。

活动六：制作视频并互相展示。

活动七：花灯宣传。

活动一　了解花灯宣传

 知识链接

宣　传

宣传是一种运用各种符号传播一定的观念以影响人们的思想和行动的社会行为。在西方，宣传原本的含意是"散播哲学的论点或见解"，但现在最常被放在政治环境中使用，特别是指政府或政治团体支持的运作。同样的手法用于企业或产品上时，通常则被称为公关或广告。

探究活动

1. 欣赏视频《花灯物语》。

说说你在视频中了解到的我校花灯取得的成果。

_____
_____

第二单元　花灯工坊

2. 交流讨论已知的宣传渠道。

我知道的宣传渠道有：_____

3. 宣传的作用。

（1）我觉得宣传的作用是_____

_____。

（2）我们组最善于总结的是_____同学，因为_____

_____

_____。

4. 请为"穿越大唐"活动做一个初步的规划。

活动二 初识 photoshop

知识链接

photoshop 新画布文档

photoshop 新画布文档，就是指在 photoshop 软件上创建一个新的空白的文档。最简单的创建新的空白文档方法是打开 photoshop 后，点击【文件】→【新建】。如图，这种文本文件没有任何格式，可任意编辑。

探究活动

1. 认识 photoshop 软件。

（1）根据教师指导，打开 photoshop 后，点击【文件】→【新建】，如下图所示：

（2）在打开photoshop新画布文档的过程中，我觉得我们组_____同学表现得最出色，因为_____

_____。

2. 了解"画布"功能。

（1）画布大小中可以选择【宽度】和【高度】数值，做好【定位】，就可扩展photoshop画布。

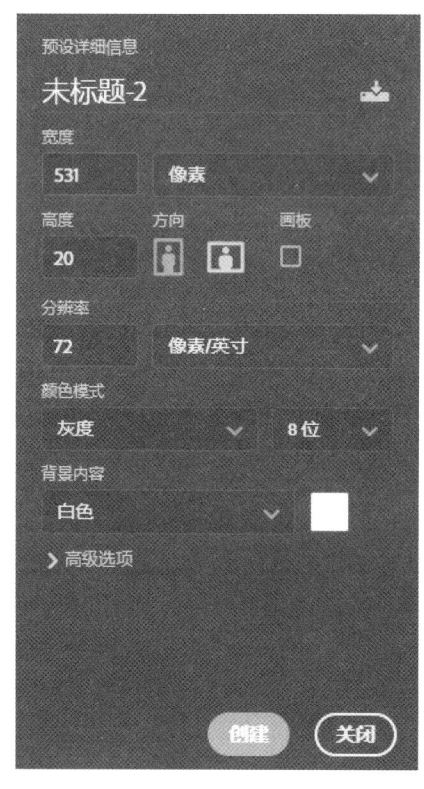

（2）在调整photoshop新画布文档的过程中，我觉得我们组_____同学表现得最出色，因为_____

_____。

（3）我们组_____（同学）打开photoshop和创建画布运用的最熟练。

3. 熟悉 photoshop 的基本界面按键。

（1）根据老师的指导和操作步骤，练习、熟悉 photoshop 的基本界面按键功能。

（2）在熟悉 photoshop 按键的过程中，我觉得我们组_____同学表现得最出色，因为_____

_____。

4. 学生自评，完成评价表。

基本操作	移动工具	橡皮擦工具	油漆桶工具	画笔工具
完全了解				
基本了解				
没有了解				

备注：在评价表中用"√"表示。

活动三　运用 photoshop

知识链接

移动、复制和粘贴

移动的含义是指改换原来的位置。

复制是著作权法术语，指以印刷、复印、临摹、拓印、录音、录像、翻录、翻扫等方式将作品制作一份或者多份的行为。

"粘贴"一词的正确读音是 zhān tiē，意思是：

（1）用黏性的东西使纸张等附着在别的东西上。

（2）湿的东西贴在别的物体上。

粘贴的网络术语是指将一个文本或一段文字复制或剪切后移动到另一个位置或另一个文本中。

探究活动

1. photoshop 的"移动"功能。

（1）根据教师的指导，移动图中文件，把图片移动到框内。

（2）在移动图片的过程中，我觉得我们组_____（同学）表现得最出色，因为_____。

2. photoshop 的"复制"和"粘贴"功能。

（1）根据教师的指导，复制图中文件，把图片复制粘贴到框内。

（2）在复制粘贴图片的过程中，我觉得我们组_____（同学）表现得最出色，因为_____。

（3）学生自评，完成评价表。

基本操作	移动工具	复制粘贴技能
完全掌握		
基本掌握		
没有掌握		

备注：在评价表中用"√"表示。

第二单元 花灯工坊

活动四　了解摄影

 知识链接

摄　影

摄影一词源于希腊语，意思是"以光线绘图"。摄影是指使用某种专门设备进行影像记录的过程。一般我们使用机械照相机或者数码照相机进行摄影。有时摄影也会被称为照相，也就是通过物体所发射或反射的光线使感光介质曝光的过程。有人说过的一句精辟的话：摄影家的能力是把日常生活中稍纵即逝的平凡事物转化为不朽的视觉图像。

 探究活动

1. 初步了解摄影所需的设备。

（1）想一想，除了上面的单反，还有哪些可以用于摄影呢？

_____

_____

_____

（2）这些不同的摄影设备，有哪些区别？

2. 连一连。

在教师的指导下，了解构图，并将下列图片与构图方式连起来。

   对称构图   对角线构图   黄金分割线构图

3. 自由分组（4~6人为宜），选出队长，为小队取一个好听的名字。

小队名称：	
队　　长	
队　　员	

备注：可写姓名，也可写学号。

4. 了解并确定需要拍摄的对象和内容。

通过组内交流讨论，确定需要拍摄的对象和内容，并将其写下来。

活动五　拍摄素材

 知识链接

拍　摄

　　拍摄，是用摄影机、录像机把人、物的形象记录下来。不同的场景经常会采用不同的拍摄技巧，有夜景拍摄、雨景拍摄、建筑物拍摄、人像拍摄等。电影动态艺术拍摄同样属于拍摄的一类，但也要遵循一定的原则。随着科技的进步，拍摄也变得越来越简单，越来越符合大众化。

探究活动

1. 制定拍摄方案。

（1）小组讨论，制定拍摄方案。

（2）根据自身的兴趣或特长，合理分配任务，并填写在下列表格中。

拍摄主题：＿＿＿＿＿＿		
姓名	任务	准备活动

2. 实战拍摄。

（1）根据方案，分组拍摄。

（2）在拍摄过程中遇到了什么问题？

_____

_____

（3）自己的小组具体拍摄了哪个花灯社团？具体内容是什么？

_____

_____

3. 小组交流。

在拍摄的过程中，我觉得我们组_____（同学）表现得最出色，因为

_____。

4. 小组评比。

（1）我最喜欢_____（同学）创作的摄影作品，因为_____

_____。

（2）组内交流，挑选出 5 张优秀照片进行全班展示。

（3）在框内贴上要展示的照片。

活动六　制作视频并互相展示

知识链接

视　频

视频（Video）是指将一系列静态影像以电信号的方式加以捕捉、记录、处理、储存、传送与重现的技术。连续的图像变化每秒超过 24 帧（frame）画面以上时，根据视觉暂留原理，人眼无法辨别单幅的静态画面，所以就会产生连续的视觉效果，这样连续的画面叫作视频。视频技术最早是为了电视系统而发展，但现在已经发展为各种不同的格式以利消费者将运动的事物记录下来。网络技术的发达也促使视频以串流媒体的形式存在于因特网之上并可被电脑接收与播放。视频与电影属于不同的技术，后者是利用照相术将动态的影像捕捉为一系列的静态照片。

探究活动

1. 了解视频播放的软件。

（1）你了解到可以用什么软件来制作视频？

（2）你的同学了解到可以用什么软件来制作视频？

2. 学习用手机视频软件 vue 来制作视频。

（1）通过学习你了解到了 vue 的哪些基础知识？
_____
_____
_____

（2）对自己掌握的 vue 知识进行评价。

基本操作	在 vue 中载入视频	在 vue 中编辑视频
完全掌握		
基本掌握		
没有掌握		

3. 能够播放并展示自己的作品。

（1）在展示自己作品的过程中，我觉得我们组_____同学表现得最出色，因为_____
_____
_____。

（2）我最喜欢_____同学创作的视频作品，因为_____
_____
_____。

4. 心得与体会。

根据此次活动，我对制作视频_____
_____
_____（谈谈自己在活动中的心得与体会）。

第二单元 花灯工坊

活动七　花灯宣传

知识链接

制定方案

　　方案是计划中内容最为复杂的一种，由于一些具有某种职能的具体工作比较复杂，不作全面部署不足以说明问题，因而内容构成势必要繁琐一些，一般有指导思想、主要目标、工作重点、实施步骤、政策措施、具体要求等项目。

　　方案的内容多是上级对下级或涉及面比较大的工作，一般都用带"文件头"形式下发，所以不用落款，只有标题、成文时间和正文三部分内容。

　　1. 方案的标题有两种写法：一个是"三要素"写法，即由发文机关、计划内容和文种三部分组成，如《北华大学五年发展规划总体方案》；一个是"两要素"写法，即省略发文机关，但这个发文机关必须在领头的"批示性通知"（文件头）的标题中体现出来，如《治理采掘工业危机，实现良性循环方案》。

　　2. 成文时间。为郑重起见，方案的成文时间一般不省略，而且要注在标题下。

　　3. 方案的正文一般有两种写法：一是常规写法，即按"指导方针""主要目标（重点）""实施步骤""政策措施""要求"几个部分来写，这个较固定的程序适合于一般常规性单项工作；二是变项写法，即根据实际需要加项或减项的写法，适合于特殊性的单项工作。但不管哪种写法，"主要目标""实施步骤""政策措施"这三项必不可少，实际写作时可把"主要目标"称为"目标和任务"或"目标和对策"等，把"政策措施"称为"实施办法"或"组织措施"等。在"主要目标"一项中，一般还要分总体目标和具体目标；"实施步骤"一般还要分基本步骤或阶段和关键步骤，关键步骤里还有重点工作项目。"政策措施"的内容里一般还要分"政策保证""组织保证""具体措施"等。

探究活动

1. 自由分组（4～6人为宜），选出队长，为小组取一个好听的名字，并制定小组公约。

小组名称：	
队　长	
队　员	

备注：可写姓名，也可写学号。

```
                    小组公约




```

2. 了解并确定各自小组相应的任务。

交流讨论，我们组需要承担的任务有哪些？

_____

_____

3. 交流讨论，合理分工。

教师提供每个花灯社团的教室位置，并确定小组的分工。

第二单元　花灯工坊

职　务	姓　名	主要职责	担任原因
拍摄者			
录像员			
图片美化			
视频剪辑			

4. 展示作品，宣传花灯社团。

（1）分组在学校大屏播放视频，宣传花灯社团。

（2）在展示自己作品的过程中，我觉得我们组_____同学表现得最出色，因为_____。

（3）根据此次活动，自己的小组还有哪些不足之处，请写在框内。

活动评价表

评价内容	自评	互评	师评
活动一			
知道我校花灯取得的成果			
初步了解宣传的渠道和作用			
能为大唐穿越制定初步的规划			
活动二			
能自主打开"画布"			
能学会调整"画布"大小			
能基本了解 photoshop 的按键			
能客观地评价自己的学习			
活动三			
能自主运用"移动"命令移动图片			
能自主运用"复制"命令复制图片			
发现表现出色的同学并说明理由			
活动四			
了解拍摄设备			
了解摄影的基本构图			
了解并确定需要拍摄的对象及内容			
活动五			
制定拍摄方案			

续表

评价内容	自评	互评	师评
能解决实战拍摄中遇到的问题			
能针对某个花灯社团进行拍摄			
能在交流中发现表现出色的同学			
能选出较优秀的照片并展示			
活动六			
学会用手机编辑照片视频			
能够了解 vue 的基础知识			
能为自己掌握的 vue 知识进行评价			
能播放展示自己的作品			
能评价他人和自己的作品，并写出制作视频的心得与体会			
活动七			
能写出小组名称并制定小组公约			
能够明确小组承担的任务			
能根据自身的兴趣或特长合理分工			
能展示宣传视频并总结活动			

评价标准：优秀，良好，一般

花 灯 戏 台

花 灯 舞

活动目标

1. 通过舞蹈家名片的制作和励志故事的讲述，对舞蹈家产生敬佩之情；通过分享自己对学习舞蹈方面的期待，激发学习舞蹈的兴趣。

2. 通过基本功的练习，掌握中国舞的基本脚位、基本手位。

3. 欣赏花灯舞作品，了解花灯舞常用的道具；设计一种花灯舞的道具，并拿着道具进行展示。

4. 了解花灯舞音乐演奏时的主要乐器，感受花灯舞音乐的特点，提升对花灯舞音乐的兴趣。

5. 观察图片，了解花灯舞服饰的特点，并能够尝试设计出自己所喜欢的花灯舞服饰和相关配饰，进一步了解花灯舞蹈的特点。

6. 通过实践操作，了解舞蹈常用的队形，知道舞蹈过程中队形变化的特点，并能够通过小组合作，完成简单队形的变换。

7. 通过学习与合作，根据音乐，创编4个八拍动作，并能够完成展示。

8. 通过组合动作练习，熟练掌握花灯舞的动作要领，记住队形变化，并能匹配和音乐节奏有表情地演绎，感受花灯舞的乐趣。

活动内容

活动一：走进舞蹈家。　　　活动五：探秘花灯服饰。

活动二：训练基本功。　　　活动六：研究舞蹈队形。

活动三：欣赏花灯舞蹈。　　活动七：创编舞蹈动作。

活动四：了解花灯音乐。　　活动八：学习舞蹈作品。

活动一　走进舞蹈家

📖 **知识链接**

"孔雀公主"杨丽萍

杨丽萍是我国著名的舞蹈艺术家。她的《雀之灵》《孔雀公主》《两棵树》《云南映象》《云南的响声》等作品享誉世界,成为舞蹈经典之作,是中国第一个举办个人舞蹈晚会的舞蹈家。

📖 **探究活动**

1. 舞蹈家名片制作(可设计"杨丽萍"的名片或自选舞蹈家)。

舞蹈家名片

姓名:＿＿＿＿＿＿

代表作:＿＿＿＿＿＿＿＿＿＿＿＿＿＿＿＿＿＿＿＿＿＿＿

所获荣誉:＿＿＿＿＿＿＿＿＿＿＿＿＿＿＿＿＿＿＿＿＿＿

_____

_____

(剧照)

---

2. 讲一讲舞蹈家的励志故事。

_____
_____
_____
_____
_____

● 在这次故事分享中,我觉得自己讲得(很/比较)清楚,同学们觉得我讲得_____。

● 在听故事的过程中,我觉得_____听得最认真,我还想听其他人讲_____的故事。

● 从同学口中,我又知道了_____这些舞蹈家。我觉得_____讲得最好,因为_____。

3. 令我印象最深的舞蹈家是_____,
因为_____
_____
_____。

4. 分享自己对舞蹈学习方面的期待。

_____
_____
_____
_____
_____

第三单元 花灯戏台

活动二　训练基本功

知识链接

中国舞中手的三种常用形态

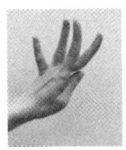  

图1　　　　图2　　　　图3

兰花掌（见图1）：大拇指与中指指节微贴，使虎口自然与手掌合拢，形成以中指为主要用力点，带动其余三指指尖上翘的形态。

空心拳（见图2）：拇指与食指相搭贴，食指与其余三指依次相握，形成拳形。

单指（见图3）：大拇指与中指松弛相搭连，形成O状。同时，食指伸出上翘。其余两指松弛与中指并拢，形成秀丽的指形。

 探究活动

1. 中国舞中脚的基本位置。

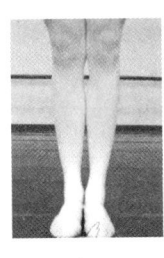 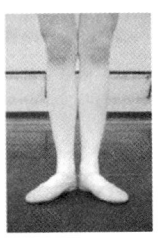 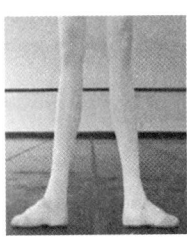 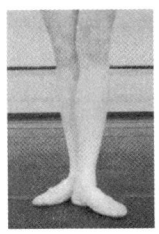 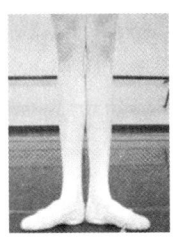

图4　　　图5　　　图6　　　图7　　　图8

正步（见图4）：双脚紧靠，脚尖对正前方。小八字步（见图5）：两脚跟相靠，脚尖分开，形成小八字状。大八字步（见图6）：在小八字步基础上，将两脚分开约与肩部的垂直线同宽。丁字步（见图7）：以左丁字步为例，左脚脚跟紧靠右脚脚弓处。右丁字步则动作方向相反。一字步（见图8）：双腿自髋关节处向两旁转开，两腿自腿部到脚跟紧贴相靠。脚掌与脚趾平展而松弛地踩于地面。脚尖分别向两旁打开形成"一"字形，重心在两脚之间，重心支撑点在双脚脚掌上。

  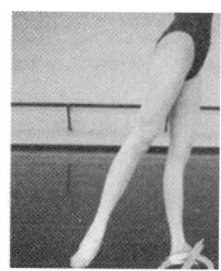

图 9　　　　　　　　图 10　　　　　　　　图 11

点步（见图9、10、11）：点步有前后、旁之分，它是以动作腿的位置、方向予以区分的。前、旁点步的区分，除位置和方向以外，前后点步需加拧身，而旁点步则是平面展开的。点步时，双腿直立，脚背绷直，以脚尖点地。

● 在此次练习中，我觉得_____的动作最难，我做得不好的原因是：_____。

● 我们小组腿部练习动作完成得最好的同学是_____，因为_____。

我要将她作为我的榜样，向她学习，刻苦练习。

2. 中国舞的手的基本位置

单山膀（见图12）：手臂内旋成长弧形。臂平抬于身旁，高度与肩平，开度与胸平，小臂微向前屈，臂成弧形，掌心向旁，指尖微向上。

单按掌（见图13）：小臂屈回呈成弧形，掌心向下，按于胸前胃的高度，距离身体约6～7寸为准，沉肩圆肘。

图 12　　　　图 13　　　　图 14

单托掌（见图14）：手臂外形呈长弧形，手臂托于额前上方，由兰花掌翘推撑住，掌心向前上方，食指对眉梢。沉肩，肘打开向旁。

图 15　　　　　图 16　　　　图 17

双山膀（图15）：以虎口掌形将双臂成圆弧形抬至身旁，位置略低于肩部。

双按掌（图16）：小臂屈回成圆弧形，双手按在身前，位置约在胃的高度，距离身体约 6～7 寸为准，沉肩圆肘。

双托掌（图17）：手臂外形是长弧形，双手手臂托于头的前上方，由兰花掌翘推撑住，手心向斜上方。沉肩，肘打开向旁。

图 18　　　　图 19　　　　　图 20　　　　　图 21

山膀托掌（见图18）：此为山膀和托掌的组合手位。

山膀按掌（见图19）：此为山膀与按掌的组合手位。

推仰掌（见图20）：由里到外绕手腕摊出去，提手腕兰花手指尖伸直放出去。

双提襟（见图21）：臂成长弧形位于身旁稍向前，小臂下垂，握拳，扣腕，虎口对胯骨，距胯一掌余。

● 在此次练习中，我（记住了/大概记住）所有的中国舞的手位。我做得最好看的是_____。

● 相比较之下，我做得不好的动作是_____，原因是_____
_____。

● 我们小组手位练习动作完成得最好的同学是_____，因为_____
_____。我要向她学习，并发出挑战！

活动三　欣赏花灯舞蹈

知识链接

各地花灯舞的特点

花灯舞具有优美、轻盈、潇洒、活泼的特点，各地的花灯都与当地的民间音乐相结合，根据不同地区音乐的差别，形成了不同的花灯艺术派别，如昆明花灯、玉溪花灯、弥渡花灯、楚雄花灯、姚安花灯、罗平花灯等，由此而产生的花灯舞亦呈现出各个地方的不同特色。在发展的过程中，各地的花灯舞逐步打破了地区的界限而互相借鉴，但从总体说，南北之间、民族之间仍然各有自己的舞蹈特色。

探究活动

1. 花灯舞《欢天喜地》欣赏。

● 欣赏完这支花灯舞，我觉得花灯舞的情绪相对比较_____。

2. 花灯舞道具略知一二。

● 他们所用的道具有：

- 我来设计我的花灯舞的道具。

3. 我来展示我的道具。
- 我和_____成为一组,来合作展示我们自己的设计的道具。
- 我觉得展示我们的道具需要做这些准备:
① 选择合适的音乐。
② 学会走台步。
③ 学着摆几个合适的造型。
④ 要跟自己设计的花灯道具有所关联。
⑤ 小组合作时要设计合理的展示路线。
- 我选择_____这首歌曲作为我们展示的背景音乐。
- 我们的台步是(老师教的/自己琢磨的)。_____走得比较有感觉,我们都向她学习,经过练习我们都有所进步。老师夸我们_____。
- 我们设计了_____个用来展示我们的花灯的经典造型。瞧,这是我们展示时最出彩的一组造型。

活动四　了解花灯音乐

知识链接

花灯音乐中常见的乐器

花灯的音乐十分丰富，现有的花灯曲调中大部分是由本地区的民歌发展而成，适当地吸收一些其他地区的民歌小调使之舞蹈化，另外一些是明、清以来流传下来的小曲以及音乐工作者创作的乐曲。花灯的伴奏乐器常用胡琴、月琴、三弦、笛子，后来又增加了琵琶、扬琴等民族乐器。

探究活动

1. 我会认乐器。

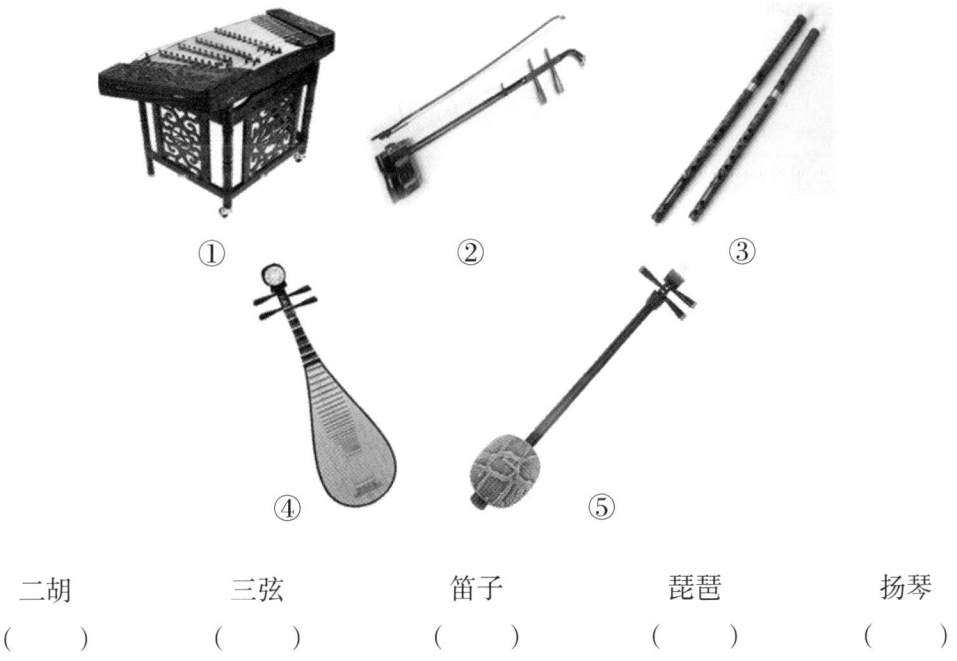

二胡　　　三弦　　　笛子　　　琵琶　　　扬琴
（　）　　（　）　　（　）　　（　）　　（　）

2. 我会辨别乐器的音色。

（1）听一听乐器音色。（二胡、笛子、琵琶）

①高亢　　　②柔和　　　③清脆

- 我觉得二胡的音色比较_____，适合演奏_____情绪的音乐。
- 我觉得笛子的音色比较_____，适合演奏_____情绪的音乐。
- 我觉得琵琶的音色比较_____，适合演奏_____情绪的音乐。

（2）辨一辨是哪种乐器。

- 我从这首花灯音乐中听到了_____
_____这些乐器。
- 在辨别乐器的游戏中，_____有小兔子般的耳朵，可真厉害啊！
- 我觉得_____乐器比较难辨别。

3. 我想学（会）_____这种乐器

因为_____。

4. 这是我画的_____（乐器），给我评一评吧！

☆☆☆☆☆

活动五　探秘花灯服饰

知识链接

舞蹈服饰的重要性

即便你拥有高超的舞蹈技术，站在绚丽的舞台上，若没有华丽的装扮，也难以凸显你舞姿的动人。所以只有合适的舞蹈服饰才能够帮你点缀出舞蹈的优美和高超的技能。舞蹈服饰是塑造人物形象的重要条件之一。舞台大幕打开时，首先进入观众视线的往往就是演员身体上的服饰，观众就能很容易地判断出作品将要展现的是哪种类型的舞蹈，从而更快地而进入作品的意境。

探究活动

1. 欣赏花灯舞蹈服饰。

（1）　　　（2）　　　（3）　　　（4）

● 我发现花灯服饰颜色基本以_____为主，看上去都比较_____。

● 穿上花灯舞蹈服饰，我觉得发型和配饰也需要有所设计。_____的发型比较合适，_____的配饰比较合适。

● 我最喜欢_____号服饰，因为_____
_____。

第三单元　花灯戏台

2. 临摹花灯舞蹈服饰。

● 画这一幅画，我需要用到的画笔的颜色有_____
_____。
● 画的时候，我先_____，再_____，
最后_____。

3. 设计花灯舞蹈服饰。

● 我设计的花灯服饰颜色基本以_____颜色为主，
以_____颜色为辅。
● 我还设计了小朋友的发型，是_____。
身上的配饰也有所设计，是_____。
● 来评评我的设计吧！

活动六　研究舞蹈队形

知识链接

舞蹈队形的变化

为了便于记忆，我们根据一般舞蹈创作中常用的构图方法和原则，把舞蹈移动线的使用，归纳为下面几句话："二四七、一零八，直斜圆曲相交插。前后左右高中低，地面空中方位佳。整齐对称黄金律，平衡统一多样化。调和对比相结合，情景交融美如画。"

探究活动

1. 幼儿舞蹈常用舞蹈队形。

十字形　　S形　　风筝形　　丁字形　　正方形

- 我觉得_____队形最简单，_____队形最好看。
- 我还能排出这些队形，给它们取了名字。

_____形　　　　　　　　_____形

2. 画画以下人数的队形，你能画出几种？

● 5 个人的队形：

● 10 个人的队形：

● 16 个人的队形：

3. 选择几个你喜欢的队形，借助于棋子进行一下变换，注意走动时的穿插要合理。

直行	横排	斜排	半圆形	八字形
（1）	（2）	（3）	（4）	（5）
孔雀开屏	扇形	五朵花	梅花	三角形
（6）	（7）	（8）	（9）	（10）

- 我们选择了＿＿＿＿＿＿＿＿＿＿＿＿＿＿＿＿＿＿这几个队形。
- 我和＿＿＿＿一起研究队形的变换，发现一些问题：＿＿＿＿＿＿
＿＿＿＿＿＿＿＿＿＿＿＿＿＿＿＿＿＿＿＿＿＿＿＿＿＿＿＿＿＿。
- 在老师的帮助下，我们知道了队形的变化需要注意：＿＿＿＿＿＿
＿＿＿＿＿＿＿＿＿＿＿＿＿＿＿＿＿＿＿＿＿＿＿＿＿＿＿＿＿＿。

4. 小组合作，试着将刚刚设计的队形走位展示出来。
- 我们分了小组，我们小组一共＿＿＿＿人。
- 我们尝试了从＿＿＿＿队形，变换到＿＿＿＿队形，再变换到＿＿＿＿
＿＿＿＿＿＿＿＿＿＿＿＿＿＿＿＿＿＿＿＿＿＿＿＿＿＿＿＿＿＿。
- 我们花了＿＿＿＿时间，将这几个队形的变换走位走熟练了。练习过程中我们发现了一些问题：＿＿＿＿＿＿＿＿＿＿＿＿＿＿＿＿＿＿＿＿
＿＿＿＿＿＿＿＿＿＿＿＿＿＿＿＿＿＿＿＿＿＿＿＿＿＿＿＿＿＿。
- 我们顺利完成了队形走位的展示。

小组成员说：＿＿＿＿＿＿＿＿＿＿＿＿＿＿＿＿＿＿＿＿＿＿＿＿
＿＿＿＿＿＿＿＿＿＿＿＿＿＿＿＿＿＿＿＿＿＿＿＿＿＿＿＿＿＿。

老师说：＿＿＿＿＿＿＿＿＿＿＿＿＿＿＿＿＿＿＿＿＿＿＿＿＿＿
＿＿＿＿＿＿＿＿＿＿＿＿＿＿＿＿＿＿＿＿＿＿＿＿＿＿＿＿＿＿。

活动七　创编舞蹈动作

知识链接

幼儿舞蹈的特性

幼儿舞蹈是指从幼儿的生活、学习、劳动、娱乐和一切带有幼儿情趣的事物中，选取和提炼素材，经过艺术加工，以人体动作为主要表现手段，并与诗、歌、音乐结合在一起，表达幼儿思想情趣的一种艺术形式。

幼儿舞蹈同成人舞蹈一样是一门动律艺术和感情艺术，具有"趣味性""夸张性""激思性"和"直观性"等特点。根据幼儿舞蹈的特性，幼儿舞蹈在内容上应该形象地反映幼儿心理特征，使幼儿在美的享受中接受勤劳、勇敢、团结、友爱等品质，陶冶他们的思想情操。在形式上，幼儿舞蹈应注重"儿童化"，用"直观、夸张"等手法，获得富有稚气、活泼的幼儿舞蹈语汇。

探究活动

1. 听《恭喜恭喜》儿歌。
   - 这首歌的情绪是_____的。
   - 我和_____一起认真听了这首儿歌的第_____段，数了有_____个八拍。

2. 选择创编方法。
   - 我们决定编这首儿歌的_____八拍。
   - 我们选择根据（歌词／节拍）来创编简单的动作。

3. 编排动作。
   - 我们花了_____时间，编了_____个八拍的动作。
   - 编排过程中，我们发现一些困难：_____

- 在_____的帮助下，我们完善了我们的动作。
- 我们又花了_____时间练熟了我们编排的动作。
- 我们在编排时还用到了_____

_____这些队形。

4. 展示汇报
- 我们在动作的完成度上可以拿到_____颗星。（五颗星最高）
- 我们在队形变换的完成度上可以拿到_____颗星。（五颗星最高）
- 这是我们展示时的掠影。

活动八　学习舞蹈作品

知识链接

舞台方位

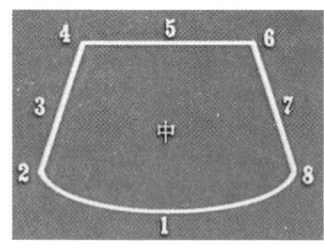

舞台的8个方位，是舞者在舞蹈表演中至关重要的。清楚地了解舞蹈的8个方向点位名称，有助于舞者在接受训练过程中，迅速地理解导师所教授的动作、所指的方向。

左边是舞台的8个方向示意图。

探究活动

1. 跟老师学动作。
● 我觉得最难的动作是第＿＿＿＿个八拍，动作是＿＿＿＿＿＿＿＿＿
＿＿＿＿＿＿＿＿＿＿＿＿＿＿＿＿＿＿＿＿＿＿＿＿＿＿＿＿＿＿＿。
● 在＿＿＿＿＿的帮助下，我反复练习了＿＿＿＿次才做到位，现在我知道了动作要点是＿＿＿＿＿＿＿＿＿＿＿＿＿＿＿＿＿＿＿＿＿＿＿＿＿＿＿
＿＿＿＿＿＿＿＿＿＿＿＿＿＿＿＿＿＿，下次一定能一下子就做得很好。

2. 自己数八拍，跟着音乐跳。
● 这一支舞根据音乐，一共可以分成＿＿＿＿段。一共有＿＿＿＿个八拍的动作。音乐和拍子我都＿＿＿＿＿＿＿＿＿＿＿＿＿＿（是否清楚），我觉得我（完全能够/差不多能/还不能）跳下来了。
● 我觉得＿＿＿＿小组的＿＿＿＿跳得最好，因为＿＿＿＿＿＿＿＿＿＿
＿＿＿＿＿＿＿＿＿＿＿＿＿＿＿＿＿＿＿＿＿＿＿＿＿＿＿＿＿＿＿。
我要向她学习，在做对动作的基础上，合上所有的拍子！

3. 一起合作，走好队形。

- 在这支花灯舞作品中，我们用到了＿＿＿＿＿＿＿＿＿＿这些队形。

- 在跳花灯舞的过程中，我觉得＿＿＿＿同学的表现最突出，因为＿＿＿＿＿＿＿＿＿＿＿＿＿＿＿＿＿＿；＿＿＿＿同学的表现需要加把劲，因为＿＿＿＿＿＿＿＿＿＿＿＿＿＿＿＿＿＿＿＿＿＿＿＿＿＿。

4. 全校展示，秀一秀我们的训练成果。

- 我们在＿＿＿＿活动上进行了表演，效果＿＿＿＿＿＿＿＿＿＿，很多同学们和老师们都夸我们＿＿＿＿＿＿＿＿＿＿＿＿＿。
- 你们看，这是我们的剧照！

| |
| |

- 我在舞蹈中承担了＿＿＿＿，我觉得我做得＿＿＿＿＿＿＿＿。

活动评价表

评价内容	自评	互评	师评
活动一			
能自己搜集资料并知道如何制作舞蹈家的名片			
能把舞蹈家的故事讲清楚			
能大胆分享自己对舞蹈学习的期待			
活动二			
能说出做得不够到位的脚位的原因			
能认真练习并熟记基本手位			
能够正确认识自己基本手位的表现情况			
能够肯定他人表现并乐于向他人学习			
活动三			
能认真欣赏花灯舞作品,说出花灯舞的情绪			
能知道花灯舞基本道具并设计出自己的道具			
能与同伴愉快合作,并选择合适的方式展示自己的道具			
活动四			
能认识并说出花灯音乐中主要的演奏乐器			
能辨别花灯音乐中主要乐器的音色			
对演奏乐器产生浓厚的兴趣			
活动五			
知道花灯舞服饰的特点			

续表

评价内容	自评	互评	师评
能使用正确的工具和配色临摹花灯舞服饰			
能运用所学到的本领设计花灯舞服饰			
活动六			
知道幼儿常用舞蹈队形并简单设计队形			
能画出不同人数下的若干种不同的队形			
能利用棋子完成几种队形走位并知道队形变化的特点			
能与伙伴愉快合作，将队形变化演绎到位			
活动七			
能听出花灯舞音乐的情绪和拍子			
能小组合作理出编排思路			
能小组合作创编4个八拍动作并勤加练习			
能与伙伴合作完整展示练习的内容			
活动八			
能正确模仿舞蹈动作			
能按音乐节奏跳花灯舞			
能小组合作完成队形变化			
能在全校面前表演一支小小花灯舞			

评价标准：优秀，良好，一般

花灯小导游

活动目标

1. 探索朱泾花灯的历史，感受其魅力。
2. 实地考察花灯长廊，了解花灯的种类和特点。
3. 搜集资料，讲述有关花灯的故事。
4. 根据花灯故事，演一演。
5. 了解导游的工作内容和礼仪规范，练习导游基本功。
6. 设计花灯导游词，了解导游词的内容。
7. 实地介绍花灯长廊，感受小导游的工作。

活动内容

活动一：探索朱泾花灯历史。

活动二：了解朱泾花灯的特点。

活动三：讲花灯故事。

活动四：导游知识我知道。

活动五：导游基本功练习。

活动六：设计花灯导游词。

活动七：实地介绍花灯长廊。

活动一 探索朱泾花灯历史

知识链接

朱泾花灯习俗

花灯,又名灯笼,是起源于中国的一种传统民间工艺品。

朱泾作为江南地区的重要市镇,其民风习俗无不印记着吴越文化色彩。朱泾花灯的起源,可追溯到唐代。相传,朱泾市民在法忍寺张灯结彩,举行庙会,以怀念高僧船子和尚。朱泾不仅在元宵节期间张灯结彩,也在一年四季之中的重要节日及庙会中张灯结彩。

朱泾花灯的传统习俗,蕴含着诸多文化要素,内容涉及民间舞蹈、民间音乐、民间手工技艺、民间美术和宗教信仰

等。朱泾花灯的活动形式也是丰富多彩的。元宵之夜有"挂灯""赏灯""游灯"等活动。

金山调花灯是花灯活动与民间音乐舞蹈相结合而衍生的一种新型花灯表演形式,在清代已经开始流行。朱泾秀泾村、建设村、蒋泾村、一农村、民主村等近10个自然村长期开展着这类活动。

探究活动

1. 朱泾花灯我知道。

四人一组,读一读知识链接,说一说朱泾花灯的知识。

(1)花灯,又名_____。朱泾花灯的起源可以追溯到_____代。

(2)朱泾花灯的传统习俗,蕴含着诸多文化要素,内容涉及_____、_____、_____、_____和_____等。

（3）朱泾花灯的活动形式也是丰富多彩的，有_____
_____。

2. 朱泾花灯我参与。

朱泾花灯始于唐朝，传承至今，已成为当地文化的重要标签之一。我们朱泾二小结合地域特点和区域"一镇一品"的规划，将朱泾花灯列入学校的特色课程。你有没有参与制作过花灯呢？

四人小组讨论，分享自己参与制作花灯的经历。

（1）我参加过花灯制作，我制作的是_____花灯，它用的材料是_____
_____，它的形状是
_____。

（2）我制作这盏花灯的原因是_____
_____。

（3）画出制作过花灯的流程图。

（4）我最喜欢_____同学画的花灯流程图，理由是：_____
_____。

活动二 了解朱泾花灯的特点

知识链接

朱泾花灯的特点

朱泾花灯表演多以自然村为单位，以"家族"为载体，有的根植于本乡本土，有的从异地流入，表现形式各异，样式变化万千，具有丰富的文化内涵，规模也不断发展，在明末清初年间发展到顶峰。朱泾花灯之盛，冠绝江南，名震天下。

从花灯种类说，最盛行的是宫灯和纱灯，这些灯题材丰富，以展示山水风景、历史人物、飞禽走兽、亭台楼阁为主，类别主要有走马灯、莲花灯、龙灯、橘灯、宝塔灯、如意灯、玉簪灯、绣球灯、料丝灯、龙虾灯、润饼灯、白兔灯、公鸡灯、年年有余灯、鲤鱼吐珠灯、双龙抢珠灯、龙凤呈祥灯、仙女荷花灯、嫦娥奔月灯、狮子灯、鲤鱼灯、兔子灯、蛤蟆灯、荷花灯、花篮灯，五颜六色，千姿百态。

探究活动

1. 花灯探究区里有好多形态各异的花灯，请你带着以下问题，让我们一起去看看吧！

（1）我看到花灯探究区里有很多花灯，有_____。

（2）我最喜欢的是_____花灯，因为_____。

（3）我喜欢的这个花灯是用_____制作的。

2. 你最喜欢的花灯是什么样子的呢？请你根据任务单上的问题在花灯探究区里查找资料。

任务单

班级_____ 姓名_____ 学号_____

- 我最感兴趣的花灯类别是_____。
（名称）

- 它是用_____造型。

    A. 球体　　　B. 正方体

- 它是_____材质。

    A. 纸质　　　B. 铁丝与纸质相结合

- 它有骨架吗？是_____花灯。

    A. 有骨　　　B. 无骨

- 它是_____样式的花灯。

    A. 提灯　　B. 水灯　　C. 挂灯　　D. 座灯

3. 请你根据任务单把最喜欢的花灯介绍给大家。

从_____的介绍中，我知道了_____（类别）花灯，样子是_____的，特点是_____。

活动三 讲花灯故事

知识链接

鲤鱼龙门灯

很久很久以前，太湖流域有三条大河，其中一条叫东江，流经朱泾掘石港。掘石港边以捕鱼为生的渔民起早摸黑撒网捕鱼，有一天一网打上来，嗨！竟有二三十条蹦蹦跳跳的鲤鱼，渔民大喜！后来才得知这些大鲤鱼是从黄河经过海上，游到了太湖，今又从东江源头游到这里。

这种鲤鱼早就有传说："朱泾鲤鱼黄河种。"话说早先黄河中下游盛产红尾大鲤鱼，每年春汛开冻之后沿黄河逆水而游。到了河南洛阳龙门一带，因地势陡然抬高，其他鱼种无法再上水行走，只有体力充沛的红尾鲤鱼顶风破浪，腾空飞越，这样就留下了鲤鱼跳龙门的传说。后来就把秀才得中举人进士，身份一下抬高，从此飞黄腾达，称作"一登龙门，身价十倍"。老百姓也把这句话当作吉祥口彩，形容好运到来，生活一天比一天幸福富裕。

如今，渔船上的渔民已今非昔比，他们迁居新楼，过上了美满幸福的日子。今天的"鲤跃龙门灯"，使用钢架结构，彩色绸缎粉色裱糊，部分喷绘饰面，灯光闪烁，更加衬托出喜庆的气氛。

探究活动

1. 读了"知识链接"，你知道了什么

（1）我知道了老百姓把"鲤鱼跃龙门"当作_____，形容_____。

（2）我知道了"知识链接"中的"鲤跃龙门灯"使用_____

结构,_____裱糊。

2. 通过各种渠道查找资料,你了解了哪些花灯的故事呢?快把你找到的内容告诉你的伙伴。

（1）我最喜欢的花灯故事是_____（名称）。

（2）请你把它摘录下来,和大家分享。

| |
| |
| |

（3）小组交流:根据搜集的资料,讲一讲有关花灯的故事。

大家好,我是花灯小导游_____,花灯是我国的一种传统民间工艺品,历史悠久。今天,我给大家讲一个花灯的故事,传说,_____
_____。

（4）我喜欢_____同学讲的故事,理由是_____
_____。

（可以结合六要素"时间、地点、人物、事件的起因、经过、结果"评价）

（5）在讲故事过程中,我感觉自己_____
（优点）,我_____（不足）需要改进。

活动四 导游知识我知道

知识链接

导 游

导游主要分为中文导游和外语导游，其主要工作内容为引导游客感受山水之美，解决旅途中可能出现的突发事件，并给予游客食、宿、行等方面的帮助。导游的工作内容有：介绍旅游线路及游览注意事项；带领游客游览，并重点介绍景点特色、典故、传说等；提醒乘客注意安全，检查随队人员数及其他安全情况；处理随队游客突发情况。导游的仪表仪容非常重要，应着重注意以下几个方面：着装、个人卫生。导游的仪态也会给人留下深刻的印象，因此要时刻注意表情、风度与举止。导游讲解也是有方法的，比如分段讲解法、突出重点法、触景生情法、虚实结合法、问答法、制造悬念法、类比法、画龙点睛法，等等。

探究活动

1. 导游知识我知道。

（1）导游的工作内容。

导游的工作内容有_____、_____、_____。

（2）导游的礼仪规范。

导游人员应着重注意自己的仪表仪容，有以下两个方面：_____和_____。

第三单元 花灯戏台 119

（3）你对导游的哪些介绍方法感兴趣？请你把最感兴趣的两个方法写下来。

_____
_____
_____。

2. 观看视频，回答问题。

（1）小导游介绍了我们学校花灯的哪些方面呢？

_____
_____
_____。

（2）作为花灯小导游，你觉得还应该介绍些什么？

_____
_____
_____。

（3）导游经常会解决游客的突发状况，请你想一想，花灯游览时，可能会发生什么情况？你又会怎么解决呢？

_____
_____
_____。

3. 突发情况情境模拟。

（1）四人一组，情境模拟。

在突发情况情境模拟的过程中，_____游客_____
_____（有什么困难/发生了什么情况），我_____
_____（怎么解决的）。

（2）在突发情况情境模拟的过程中，我感觉自己_____
（优点），我_____（不足）需要改进。

活动五　导游基本功练习

知识链接

导游基本功训练方法

导游需要练习唤醒嗓子，练习口部操、唇部操，进行气息训练、口腔训练等。

唇部操，第一节是喷，也称作双唇后打响，即双唇紧闭，堵住气流，唇齿相依，不裹唇，突然放开发出"POPOPO"音。注意不要满唇用力，把力量集中在唇的中央1/3。第二节是裂，顾名思义，就要先把双唇噘起来，然后向嘴角用力，向两边伸展。这就是我们平常所说的裂，这样反复进行。这一节是听不到声音的。第三节是撇，先把双唇噘起来，然后向左歪再向右歪交替进行。第四节是绕，双唇紧闭，噘起，然后左转360°，再向右转360°，这样交替进行。这里应该注意向左转多少圈，那么也要向右转多少圈。

探究活动

1. 唇部操练一练。

（1）跟着老师练习。

我＿＿＿＿（能／不能）跟上老师的练习节奏。

（2）同桌照镜子练习。

我的同桌＿＿＿＿练习时能做到＿＿＿。

（3）自己练习。

我在练习时能做到＿＿＿。

2. 花灯童谣吟一吟。

花灯谣	正月十五月儿明
好姥姥，手儿巧，做花灯，闹元宵。 西瓜灯，小兔灯，金鱼灯儿尾巴摇。 飞机灯，给宝宝，火箭灯，给浩浩。 宝宝乐，浩浩笑，一同鞠躬谢姥姥。 元宵节，闹花灯，人们个个都欢腾。	正月十五月儿明，妈妈领我去看灯。 大宫灯，红彤彤，走马灯，转不停。 金鱼灯，摇尾巴，孔雀灯，开彩屏。 金灯银灯五彩灯，一盏一盏数不清。

（1）我喜欢的花灯童谣是＿＿＿＿＿＿＿＿＿＿＿＿＿＿＿＿＿＿＿。

（2）小组排队行练习。

3. 绕口令比一比。

有个小孩叫小杜	提灯笼
有个小孩叫小杜，上街打醋又买布。 买了布打了醋回头看见鹰抓兔。 放下布搁下醋上前去追鹰和兔。 飞了鹰跑了兔洒了醋湿了布。	小凤提着圆灯笼， 小龙提着方灯笼。 小凤的圆灯笼上画着龙， 小龙的方灯笼上画着凤， 小凤要拿圆灯笼换小龙的方灯笼。

（1）自己练习。

（2）每组派一个代表比赛。

评价：在＿＿＿＿＿＿＿＿＿＿（唇部操练习/花灯童谣吟诵/绕口令）活动中，

＿＿＿＿＿＿同学＿＿＿＿＿＿＿＿＿＿＿＿＿＿＿＿＿＿＿＿＿＿＿＿＿＿＿＿

＿＿＿＿＿＿＿＿＿＿＿＿＿＿＿＿＿＿＿＿＿＿＿＿＿＿＿＿＿＿＿（优点）。

活动六　设计花灯导游词

知识链接

导　游　词

　　导游词，是导游人员引导游客观光游览时的讲解词，是导游员同游客交流思想、向游客传播文化知识的工具，也是应用写作研究的文体之一。导游词的特点是口语化，还具有知识性、文学性、礼节性等特点。

探究活动

1. 读读花灯导游词。

导游1：花灯探究区总引导

　　各位来宾，大家好！欢迎大家来到朱泾二小花灯探究区！在这里，我们将了解花灯的渊源、传承与制作。

导游2：花灯长廊

　　花灯的形成和发展经历了漫长的历史过程，由最初的照明，经过长期的使用与发展，加上人类丰富的想象力、创造力，渐渐演变成艺术花灯。我们朱泾花灯的起源，可追溯到唐代，形式更是丰富多彩。现在，朱泾花灯已确立为朱泾的文化品牌。

2. 实地参观花灯长廊。

（1）根据花灯长廊内容，我可以向游客介绍以下内容：_____

_____

（2）观察图片，结合以往开展的活动，你认为还有哪些内容可以介绍？

花灯制作　　　　　　花灯大厅布置　　　　　　花灯室展示

我想介绍_____。

3. 设计花灯小导游词。

4. 互相修改导游词。

我对同桌_____导游词的修改意见是_____

_____。

同桌_____对我的导游词的修改意见是_____

_____。

活动七　实地介绍花灯长廊

知识链接

朱泾二小花灯长廊

朱泾二小花灯长廊的内容丰富多彩，有花灯在民间的神话传说，有朱泾花灯的历史以及朱泾花灯简介。

长廊中展示着花灯作品图片。朱泾二小开设《朱泾花灯》综合实践课程，课程中内容丰富，长廊中还有《朱泾花灯》课程中的风采展示。

探究活动

朱泾二小即将迎来一批客人，我们花灯小导游将作为向导为这些客人进行花灯长廊的介绍。

1. 分配任务，确定导游。

小导游任务单		小组名称：_____
任　务	姓　名	分配原因
导游1		
导游2		

第三单元　花灯戏台

续表

导游 3		
导游 4		
导游 5		

我担任的是_____任务，因为_____。

2. 总结模拟参观活动。

（1）在框内贴上导游（参观）照片，留下纪念。

（2）本次模拟活动中我发挥了_____长处，做得不够的是_____。

（3）我欣赏_____同学。他的长处_____，我要向他学习。

活动评价表

评价内容	自评	互评	师评
活动一			
知道花灯的别名和朱泾花灯的起源			
知道朱泾花灯涉及的文化要素			
能写出朱泾花灯的活动形式			
能分享自己参与制作花灯的经历			
活动二			
能写出花灯探究区的花灯名称			
能写出自己最喜欢的花灯并根据任务单查找资料			
能分享自己最喜欢的花灯			
活动三			
知道"鲤跃龙门灯"的故事			
能通过各种渠道查找花灯故事并摘录下来			
能分享自己最喜欢的花灯故事			
活动四			
知道导游的工作内容和礼仪规范			
能补充视频中介绍的内容			
能根据突发情况进行导游模拟			
活动五			
能正确练习唇部操			

续表

评价内容	自评	互评	师评
能自主练习花灯童谣			
能自主练习绕口令			
活动六			
能自主阅读导游词			
能根据花灯长廊内容向游客补充介绍			
能设计花灯小导游词			
能与同桌互相修改导游词			
活动七			
能在小组内分配好任务并说明原因			
能发现自己在模拟活动中发挥的长处			
能发现同学的长处			

评价标准：优秀，良好，一般

第四单元

大 唐 文 化
大唐金融

活动目标

1. 对唐朝历史有初步的了解，与同伴一起领略天圆地方唐朝钱币文化，见证历史。

2. 了解纪念币收藏价值以及人民币文化，在收藏中学会爱护人民币，保护人民币。

3. 知道各种理财方式，会算银行利息，理性理财；会正确数钱；通过讨论、记录父母一个月工资及家庭开销，体会钱财来之不易，合理消费。

4. 认识大唐各种店铺，了解大唐店铺文化；设计小铺物资，学会自产自销。

5. 初步了解商品价格的定价方法，学会合理定价。

6. 了解商家的营销策略，通过设计商品的海报提高绘画能力、想象能力和审美情趣。

7. 根据商品编写广告语，知道店铺的布置要善于利用人的心理认同感，选择适合的展区布局，并学会整理。

8. 通过职业体验，提升团队合作能力及口头表达能力，具备服务他人的意识，在体验中获得成就感。

活动内容

活动一：走进"大唐钱币"。

活动二：我是小小收藏家。

活动三：金融理财。

活动四：大唐金融小铺物资准备。

活动五：商品定价。

活动六：营销策略。

活动七：营销手段。

活动八：大唐金融小店开张。

活动一 走进"大唐钱币"

知识链接

唐 钱 币

唐钱币,唐朝时国家法定的货币。武德四年(621年),唐高祖废隋五铢钱,铸"开元通宝",钱径八分,重二铢四参,每十文重一两。字为欧阳询所书。自此以后,"钱"成为"两"以下一级的重量单位。中国钱币由此改称通宝、元宝或重宝,不再以重量为名称,钱文也由篆书改为楷书为主。"开元通宝"轻重大小比较适中,便于流通。

探究活动

1. 初步了解唐朝历史。

(1)观看视频《唐史》。

《唐史》主要指的是《旧唐书》和《新唐书》

(2)和小伙伴简单说说唐朝历史。

(3)我觉得_____说得最好,因为_____。

2. 唐朝的货币。

(1)开元通宝。

开元通宝钱直径八分,重二铢四参,积十文为一两,一千文重六斤四两。

（2）乾封泉宝。

乾封是唐高宗年号，乾封泉宝是唐代第一枚年号钱，直径一寸，重二铢六分，新钱一文可当旧钱之十。

（3）小调查。

你知道钱币上写的是什么字吗？请小组合作调查一下吧！

小提示：

◆ 利用搜索引擎查询。

◆ 借阅学校的历史书籍。

◆ 询问老师。

请你填一填任务单。

认一认，写一写				
古钱币上的字				
唐朝哪个时期的钱币				
查一查文化背景				

（4）向大家介绍一下调查的内容。

（5）我觉得第_____组完成得最好，因为_____（可以从小故事编写、叙述等方面进行评价）。

第四单元　大唐文化

活动二 我是小小收藏家

 知识链接

钱币收藏

钱币作为法定货币,在商品交换过程中充当一般等价物的作用,执行价值尺度、流通手段、支付手段、贮藏手段和世界货币等 5 种职能,这是钱币作为法定货币在流通领域中具有的职能。然而,当抛开其作为法定货币的角色,而作为一种艺术品和文物,钱币又具有了另一种特殊的职能——收藏价值。

 探究活动

1. 纪念币收藏。

纪念币是一个国家为纪念国际或本国的政治、历史、文化等方面的重大事件、杰出人物、名胜古迹、珍稀动植物、体育赛事等,由国家授权中国人民银行指定国家造币厂而设计制造,由国家银行统一计划发行的法定货币。我国的纪念币包括普通纪念币和贵金属纪念币。质量分为普制和精制,限量发行。中国普通纪念币与现行流通人民币职能相同,与同面额人民币等值流通,但是贵金属纪念币是不能流通的。

国庆 35 周年纪念币

国际和平年纪念币

国庆 40 周年纪念币

第十一届亚洲运动会纪念币

宪法颁布十周年纪念币

希望工程纪念币

从以上两种纪念币中选一款系列写一写是哪一年发行的，是纪念什么。

我选择的是_____（左边/右边）这一款纪念币；这个纪念币是_____年发行的；它纪念的是_____；它的纪念意义是_____。

2. 创意设计纪念币。

小学学习快五年了，回首一下自己在这五年中所经历的事，参加过的活动等，设计一款独一无二的纪念币。

两人一组，交流讨论，确定纪念币的正面和反面，并记录在下列表格中。

	花　纹	理　念
正　面		
反　面		

3. 展示与评价。

（1）我们小组设计的纪念币纪念的是_____。

图案的寓意是_____。

（2）在设计的过程中，我们小组遇到的困难是_____，

我们解决的方法是_____。

（3）我觉得第_____组完成得最好，因为_____

（可以从创意、绘画等方面进行评价）。

第四单元　大　唐　文　化

活动三　金融理财

知识链接

理　财

　　如何管理我们的财产就叫"理财",而"理财"中最常见的就是"投资理财",通过将自己的资产以另外一种形式去利用从而产生更多的利益。"投资理财"分为几个种类:储蓄、股票、物业、债券、外汇、古董、邮票、珠宝、钱币、彩票。理财涵盖了风险管理,因为未来的情况具有不确定性,包括人身风险、财产风险与市场风险,都会影响到现金流入(收入中断风险)或现金流出(费用递增风险)。

探究活动

　　1. 银行理财。
　　(1) 存钱流程。
　　请向长辈询问或自主查询银行的存钱流程,并和同伴说一说存钱流程。

　　(2) 存钱有哪些规则?

　　(3) 模拟存钱。
　　① 分小组演一演存钱流程。
　　在演的过程中,我觉得_____小组表现得最出色,因为_____

　　② 算一算,假如你有1万元压岁钱存入银行,你想如何存钱?
　　(假定现在6个月利率1.30%,一年利率1.95%,二年利率2.10%)
　　算一算利息:_____
　　我选择存_____(多长时间),因为_____
　　2. 数钱。
　　(1) 观看数钱视频。

数钱有①撸猫式，②发牌式，③"左撇子"式，④摩擦式，⑤弹琴式，⑥橡皮式，等等。

（2）实践与体验。

① 二人一组，用自己的方法数出一沓练功券一共有多少钱。

我的数钱方法是_____，一共有_____元。

② 比一比：谁数得又对又快。

各小组派一个代表，1分钟内你能数多少张？

评一评：_____（同学）数正确了，数得最快。

3. 合理支配家庭开销。

（1）填写家庭成员一个月的收入和开销。

成　员	收　入	支　出	结余或超支
总　计			

你想说些什么呢?_____。

（2）节约用钱

① 合理消费。

合理消费的好处：_____；过度消费的坏处：_____。

② 不用的东西怎么处置?

我想把_____（如何处置）因为_____。

我最喜欢_____同学方法，因为_____。

③ 节约用钱小妙招。

购买商品时，我会_____；

在点餐时，我会_____；

有结余时，我会_____。

我最喜欢_____同学方法，因为_____。

活动四　大唐金融小铺物资准备

 知识链接

店　铺

店铺，即商店。早在1 000多年前，就已有"店铺"一词。如今，民间习惯称大者为"店"，小者为"铺"。店铺的营业场所叫"店面""铺面""门店"等。

字号，即商店的名称，或是品牌名。中药店的字号，一般称作"堂"。相传这和东汉末年名医张仲景任长沙太守时曾坐堂行医有关。各地都有一些著名的老字号，如"老凤祥""同仁堂"等。

斋，原本有房舍之意，如书斋、斋屋，后引为商店用名，尤其是卖字画的店铺，如"荣宝斋""采芝斋"等，甚至一些饭馆求风韵典雅，把字号称为"清雅斋"等。

幌，旧时，店铺门首悬挂幌子作为商店的招牌，用以标志经营的性质。

肆，上古时代，以肆表示商店。《论语·子张》则把肆称为手工作坊，指出"百工居肆，以成其事"。

 探究活动

1. 欣赏大唐店铺。

店铺多种多样，例如：客栈、典当行、茶肆、古玩店、酒楼、画舫、杂货铺等。

（1）食品铺。

食品铺即购买食物的店铺。唐代比较著名的饭食有"王母饭""荷包饭"等。由饼的制作发展起来的糕点食品有苏（奶酪）、粔籹（米饼)、馂（糍团）、饧（薄糖）、饼饺（有馅带奶酪的饼）等。隋唐时的面条和面团食品有冷陶（过水凉面）、羊肉面、鸡汤面等。

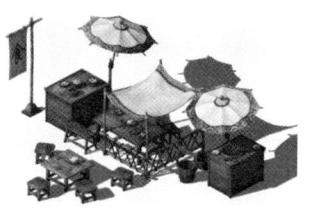

（2）典当行。

典当行，亦称当铺，是专门发放质押贷款的非正规边缘性金融机构，是以货币借贷为主和商品销售为辅的市场中介组织。

（3）茶肆。

茶肆，供品茶的店铺，又称茶馆，主要是用于休息、解渴的。纵观唐代茶文化史，茶肆的出现是由于当时饮茶之风的盛行。唐代除了长安有很多茶肆之外，民间也有茶亭、茶棚、茶房等卖茶设施。

（4）酒肆。

酒肆是酒类买卖的专业场所。酒肆又称酒家、酒店。档次高级一些的称为酒馆、酒楼。唐朝时期的大小酒肆遍及全国城乡，高楼百尺，酒旗鲜亮。

请你选择一个喜欢的店铺并说明理由。

_____

_____

2. 自由组队。

（1）四人为一组，自由组队（可以根据你想开怎样的铺子进行组队）。

我们小队的队员有_____。

（2）小队队员交流讨论，为铺子取一个铺名。

我们小队的铺名是_____。

3. 明确任务要求。

（1）组内讨论，说一说开一个铺子需要做哪些准备。

_____

（2）每组派一位队员交流，明确开铺子的任务要求。

_____

4. 分配任务，排练准备。

（1）小队队员交流讨论，选出一位掌柜的。

（2）队内讨论，根据个人特长与兴趣，合理分配任务，填写在下列表格中，并根据任务，进行准备。

铺名_____	
任　　务	姓　　名
掌柜的	
准备需要的物品	购买：
	自制：
其他_____	

（3）自制物品。

① 自销自卖的物品是：_____

② 用了哪些材料制作：_____

③ 分别用了哪些工具：_____

④ 用了哪些装饰方法：_____

（4）在制作过程中，我帮助了_____同学，解决了_____问题。在制作过程中，_____同学帮助了我，我想说_____。

（5）我的任务是_____，我表现得_____，_____（同学）对我的评价是_____。

（6）组内交流讨论，评选出心目中的"最佳人气铺"。

我们小队觉得_____小队铺子设计最好，因为_____。

我们小队觉得_____小队分工合作最佳，因为_____。

活动五　商品定价

知识链接

商品定价

定价，是市场营销学里面最重要的组成部分之一，主要研究商品与服务的价格制定和变更策略，以求得营销效果和最佳收益。常见的 6 种定价策略：价格信号、渗透定价、地区定价、形象定价、组合定价、互补定价。

探究活动

1. 了解商品的定价要求。

有些商品物价局有要求，就要根据相关规定来定价，不能扰乱市场秩序，还有各种税收也要考虑在内，比如出口的、外贸税收等。

2. 定价方法。

（1）系列产品定价策略：对于既可单个购买，又可配套购买的系列产品，可实行成套购买价格优惠的做法。这样既可以节省流通费用，又可扩大销售，加快流通和资金周转，从而有利于提高企业的经济效益。

（2）分级定价策略：例如，卖茶叶的会把同一种铁观音定为 200 元、100 元、50 元，这样的定价就使顾客感觉到是由质量差别而形成档次了，体现了一分钱一分货的原则。

3. 商品定价技巧。

（1）非整数法：把商品零售价格定成带有零头结尾的非整数，销售专家称之为"非整数价格"。

（2）顾客定价法：自古以来，总是卖主开价，买主还价。

（3）特高价法：独一无二的产品才能卖出独一无二的价格。

（4）价格分割法：卖方定价时，采用这种技巧，能造成买方心理上的价格便宜感，用较小的单位报价。例如，茶叶每千克 10 元报成每 50 克 0.5 元，大米每吨 1 000 元报成每千克 1 元，等等。

（5）明码一口价法：讨价还价是一件挺烦人的事。于是很多企业商店，就采用一口价，绝不讲价，干脆简单。这样的定价方法，虽然简单，但是很容易流失客户。

4. 模拟定价方法。

（1）酸奶保质期马上要到了，我们该如何卖？

我选择的定价方法是_____，因为_____。

我觉得我们组_____同学表现得最出色，因为_____。

在讨论的过程中，我觉得_____小组表现得最出色，因为_____。

（2）选择一种喜欢的定价技巧，和你的小伙伴一起模拟定价某种商品。

我选的是_____，定的价格是_____，因为_____。

5. 给自制商品定价。

（1）用计算器二人一组算一算，去掉它的制造成本、销售成本、人工成本等。_____定的价格是_____，因为_____。

（2）给进的货物定价。

小团扇进价是 10 元，我定的零售价是：_____，因为_____。

糖葫芦进价是 3.99 元，我定的零售价是：_____，因为_____。

小花灯进价是 1 元，我定的零售价是：_____，因为_____。

活动六　营销策略

 知识链接

海报宣传

海报是将图片、文字、色彩、空间等要素进行完美的结合，以恰当的形式向人们展示出信息的一种手段。在商品营销中，商家往往会采用海报的形式宣传商品，以在第一时间吸引人们的目光。

 探究活动

1. 了解海报设计。

（1）色彩元素。

① 大量留"白"　　② 对比色调　　③ 黑白色调

（2）文字元素。

　　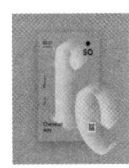　　

① 形状代替字体　　② 将文字3D化　　③ 使用手写体

（3）图案元素。

① 置换图形　　② 共生图形　　③ 矛盾图形

第四单元　大唐文化　141

我觉得海报设计要注意_____。

2. 设计店铺海报。

（1）小组分工，选择合适的材料和工具制作海报。

任　务	姓　名	工　具	创意理由
排　版			
绘　图			
文　字			
装　饰			

（2）在方框里完成宣传海报，内容包括：主题、图片、价格。

（3）向其他小组介绍海报。

说说设计的海报从哪个角度考虑？配怎样的广告语？

在设计海报的过程中，我觉得我们组_____同学表现得最出色，因为_____。

在宣传海报的过程中，我觉得_____小组表现得最出色，因为_____。

活动七 营销手段

知识链接

营销手段

营销手段，也叫工具、方法，即通过某些手段执行战略、策略方案并达到预期的效果。比如利用互联网、利用现代渠道、做销售方案、政策刺激，加上搜集消费者的大数据，指导定向生产。消费者喜欢什么样的产品、什么包装、什么颜色，什么年龄段的人有什么需求，男生喜欢什么样的，女生喜欢什么样的，做定向销售，这就是一种手段。企业画册、商品介绍单页、微信公众号等，这些也属于营销的手段和媒介。

探究活动

1. 欣赏民间吆喝广告语。

栀子花，白兰花，五分洋钿买一朵。

修阳伞，修阳伞，啊有坏额棕棚藤棚修伐。

笃笃笃，卖糖粥，三斤核桃四斤壳，吃侬额肉，还侬额壳。

橄榄买呀买呀买橄榄，丁香橄榄味呀味道赞！

生炒糯米热白果，香是香来糯是糯，一朵开花两粒大，两粒开花鹅蛋大。

扮角色说一说，我觉得_____同学的表现最突出，因为_____。

_____同学的表现需要加把劲，因为_____。

2. 创编广告语。

（1）观看《叫卖小调》。

叫卖，指吆喝着招揽买主，是从古代开始一直流传至今的一种小贩招揽生意、吸引顾客的方式，亦称吆喝，也叫市

第四单元 大唐文化 143

声或货声。

（2）学习设计广告语。

广告语应抓住重点、简明扼要。要便于重复、记忆和流传。一般来说，广告语的字数以 6～12 个字（词）为宜，一般不超过 20 个。

如：机会不是天天有，该出手时就出手，免得赶场打空手。

放心用，大胆买，不犹豫，不徘徊，你犹豫徘徊你就是白来。

十块钱也不贵，适合咱们老百姓来消费。

① 组内合作，创编广告语，并将作品誊写在方框内。

| |
| |

② 组间交流，学一学吆喝。

③ 在创编广告语的过程中，我觉得我们组_____同学表现得最出色，因为_____。

3. 大唐金融小店布置。

摆放商品应注意什么？怎样放合理？

_____

_____

在摆放商品过程中，我觉得_____同学的表现最突出，因为_____。

_____同学的表现需要加把劲，因为_____。

活动八　大唐金融小店开张

知识链接

盈　亏

盈亏意思是赚钱或赔本。盈亏是企业经营过程中经常要用到的一个名词，因为企业经营过程是根据会计登记的账来反映，但实际生产经营过程经常会有某些原因，造成会计账和实际情况有差异。为了核实是否有差异，我们通常是采取盘点的方法，就是对企业的资产、债务进行实际清点，然后与会计账簿登记的进行核对，如果实际的东西比账上的少，就是盘亏；实际东西比账上多，那就是盘盈。

探究活动

1. 大唐金融小店开张，笑迎天下客。

分配负责区域。

任　务	姓　名
门口招揽生意（1人）	
维持店内秩序（1人）	
收钱（1人）	
店员（3人）	

2. 模拟购买商品。

（1）去你喜欢的店铺购买商品。

（2）评价。

请对各组店铺布置、海报设计进行评价，每个人手中都有几张不同的贴纸，分别是最佳创意、最佳效果、最佳酷炫、最佳工作态度，小组记录成绩结果。

小组记录情况：

1. 最佳创意_____
2. 最佳效果_____
3. 最佳酷炫_____
4. 最佳工作态度_____

3. 整理场地。

在整理场地的过程中，我觉得_____小组表现得最出色，因为_____。

4. 算盈亏。

大唐金融小店今日的营业额是_____点七彩币。

我觉得今天的收入_____，因为_____。

5. 打烊。

在大家共同努力下，我们成功地完成了整个项目工作。在整个过程中，各小组一定积累了不少经验，请各小组先自我总结整个项目过程中自己的亮点与不足，然后作反思。

项目亮点	项目不足	项目反思

活动评价表

评价内容	自评	互评	师评
活动一			
能认真阅读资料，说出唐朝历史			
能够完成任务单			
能够写出通宝上的文字和由来			
能评价同学讲的小故事并说明理由			
活动二			
能从纪念币中选一款并回答三个问题			
能创意设计纪念币			
能说出自己设计的纪念币图案的寓意			
能解决设计中的困难			
活动三			
知道生活中有哪些理财方式			
能说出存钱的规则			
能计算银行存钱利息			
能选择一种方式正确数钱			
能合理支配家庭开销			
能说出合理消费的好处与坏处			
能说出不用东西的处置，并对他人的说法作出评价			
能说出节约用钱的建议			

续表

评价内容	自评	互评	师评
活动四			
能够选出喜欢的店铺并说明理由			
能给自己的铺子取名			
明确开铺子的任务要求			
能填写任务表			
能说出自制的物品用的材料、工具和方法			
能说出小铺试营业时自己的任务			
能评价他人			
活动五			
能说出自己商品的定价方法			
能选择自己喜欢商品的定价技巧			
能根据成本给自制商品定价			
能给进的货物定价			
活动六			
能说出设计海报要注意的事项			
能制作有特色、有创意的海报			
能从不同角度介绍海报并配广告语			
能找到别人的优点			
活动七			
能对某个角色作出评价			

续表

评价内容	自评	互评	师评
能编写广告语			
能吆喝得像模像样			
能找到别人的优点			
活动八			
能进行角色分配			
能合理摆放商品			
模拟购买商品时能评出四个最佳			
能计算盈亏			
能在打烊后填好表格			

评价标准：优秀，良好，一般

唐朝民俗游戏

活动目标

1. 了解唐代蹴鞠，知道唐代对蹴鞠的改进，从唐诗中了解蹴鞠对于唐代社会的影响。
2. 了解世界杯，清楚足球的比赛赛制和规则，画一画足球场地，感受体育运动文化。
3. 了解唐代弓箭的组成，知道弓箭的分类，画出4种弓箭，体验历史情怀。
4. 了解现代弓箭，明确射箭的注意事项，体验射箭运动，学会射箭。
5. 了解古代投壶，理解投壶礼仪中的"三请三让"，掌握礼仪。
6. 了解现代投壶——套圈，明确套圈规则，尝试改变玩法，学会创新。
7. 认识围棋棋盘，了解围棋摆放位置，学会围棋规则。
8. 了解围棋对弈术语，探究对弈技巧，学会记录棋谱。

活动内容

活动一：大唐蹴鞠知多少。

活动二：大唐射箭探秘。

活动三：我是射箭小能手。

活动四：大唐投壶攻略。

活动五：现代投壶来挑战。

活动六：大唐围棋试对弈。

活动七：大唐围棋我能行。

活动一　大唐蹴鞠知多少

知识链接

蹴　鞠

　　蹴鞠，又名"蹹鞠""蹴球""蹴圆""筑球""踢圆"，"蹴"有用脚蹴、蹹、踢的含义，"鞠"最早系外包皮革、内实米糠的球。因而"蹴鞠"就是指古人以脚蹴、蹹、踢皮球的活动，类似今日的足球。

　　如果说汉代是蹴鞠文化发展的第一个高潮的话，那么唐宋则是蹴鞠文化发展的第二个高潮。首先是充气球的出现。蹴鞠最初使用塞满毛发的实心球，唐代以后则出现充气球（一说南朝以后就出现了充气球）。唐代仲无颜的《气球赋》中说："气之为球，合而成质。俾（bǐ）腾跃而攸（yōu）利，在吹嘘而取实。尽心规矩，初因方以致圆；假手弥缝，终使满而不溢。苟投足之有便，知入门而无必。时也广场春霁，寒食景妍。交争竞逐，驰突喧阗（tián）。或略地以丸走，乍凌空以月圆。"第二是球门的出现。马端临在《文献通考·乐考二十》中说："蹴球盖始于唐，植两修竹，高数丈，络网于上为门，以度球。球工分左右朋，以角胜负。"

探究活动

1. 观看唐代蹴鞠介绍（片段），根据知识链接和影片的内容，完成下列填空。

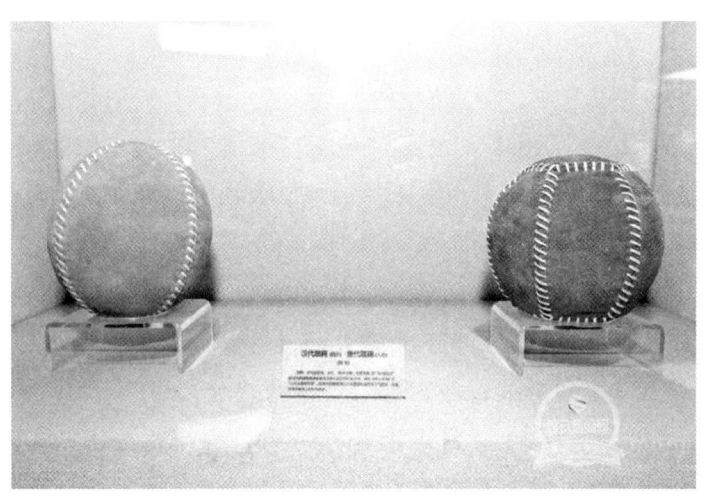

蹴鞠运动在_____（哪个朝代）是高潮期。对比之前的蹴鞠文化，归纳整理唐代对于蹴鞠有哪些改进：

例如：	类别	唐代以前	唐代
1	球体	实心球	充气球

2. 查找资料，写出唐代诗人对蹴鞠的描述，并在小组内进行交流。
例如：

| 《古风五十九首》之四十六 李白
一百四十年，国容何赫然。
隐隐五凤楼，峨峨横三川。
王侯象星月，宾客如云烟。
斗鸡金宫里，蹴鞠瑶台边。
举动摇白日，指挥回青天。
当涂何翕忽，失路长弃捐。
独有扬执戟，闭关草太玄。 | ➡ | 诗文对于蹴鞠的描述是：<u>斗鸡金宫里，蹴鞠瑶台边。</u>

我知道这句的含义是：<u>金光闪耀的宫殿内也盛行着斗鸡之戏，蹴鞠运动在京城里广泛举行。</u> |

| | ➡ | 诗文对于蹴鞠的描述是：_____

我知道这句的含义是：_____ |

第四单元　大唐文化

活动二　大唐射箭探秘

知识链接

弓　箭

一种威力大、射程远的远射兵器。弓由有弹性的弓臂和有韧性的弓弦构成；箭包括箭头、箭杆和箭羽。箭头为铜或铁制（现代的箭头多为合金），杆为竹或木质（现代多为纯碳或铝合金），羽为雕、鹰或鹅的羽毛。

《唐六典》卷第十六《卫尉宗正寺》中说：弓之制有四：一曰长弓；二曰角弓；三曰稍弓；四曰格弓。今长弓以桑柘，步兵用之；角弓以筋角，骑兵用之；稍弓，短弓也，利于近射；格弓，彩饰之弓，羽仪所执。

获鹿图

甲胄仪卫图

探究活动

1. 阅读知识链接，完成下列填空。

弓箭是由_____和_____组成的，其中_____是由_____和_____构成的，而_____包括_____、_____和_____。其中_____的材质是_____。_____的材质是_____。_____的材质是_____。

2. 填空。

通过阅读知识链接，归纳总结唐代的四种弓箭以及各种弓箭的用途。

弓箭名称	用　途

3. 画一画唐代四种弓箭。

我认为＿＿＿＿＿＿＿（同学）画得最好，理由是：＿＿。

活动三　我是射箭小能手

知识链接

射箭的动作要领

1. 站位：射手站在起射线上，左肩对目标靶位，左手持弓，两脚开立与肩同宽，身体的重量均匀地落在双脚上，并且身体微向前倾。

2. 搭箭：把箭搭在箭台上，单色主羽毛向自己，箭尾槽扣在弓弦箭扣上。

3. 扣弦：右手以食指、中指及无名指扣弦，食指置于箭尾上方，中指及无名指置于箭尾下方。

4. 预拉：射手举弓时左臂下沉，肘内旋，用左手虎口推弓，并固定好。

5. 开弓：射手以左肩推右肩拉的力将弓拉开，并继续拉至右手"虎口"靠位下颌。

6. 瞄准：射手在开弓的过程中同时将眼、准星和靶上的瞄点连成一线。

7. 脱弦：待开弓，瞄准后右肩继续加力同时扣弦的右手三指迅速张开，箭即射出。

8. 放松：箭中靶位后，左臂由腕、肘、肩至全身依次放松。

探究活动

1. 制定射箭注意事项。

分小组阅读和明确射箭的动作要领，讨论制定射箭时的注意事项。

_____小组制定的射箭注意事项	
1	使用射箭器材前请认真阅读说明书，要在守法的前提下正确使用。

2. 交流分享射箭时的注意事项。

_____小组补充的射箭注意事项	
1	使用射箭器材前请认真阅读说明书,要在守法的前提下正确使用。

我认为_____（小组）制定的_____这条注意事项很不错,我要分享给组内成员。

3. 射箭比赛。

（1）观看视频,分小组按要求组装射箭套装。

（2）各小组 5 分钟练习时间。

（3）射箭比拼：一人一箭,分别记录各组成绩,有违规操作者不得参加比赛。

_____小组射箭小比拼		
组内成员	成绩记录	总成绩

（4）交流经验。

我射箭成绩是_____,我要和同伴分享的经验是：_____。

活动四　大唐投壶攻略

知识链接

投 壶

投壶是古代士大夫宴饮时做的一种投掷游戏，也是一种礼仪。在战国时期较为盛行，尤其是在唐朝，得到了发扬光大。投壶是把箭向壶里投，投中多的为胜，负者照规定的杯数喝酒。《醉翁亭记》中的"射"指的就是"投壶"这个游戏。

投壶术语有"有初"（第一箭入壶者）、"连中"（第二箭连中）、"贯耳"（投入壶耳者）、"散箭"（第一箭不入壶，第二箭起投入者）、"全壶"（箭箭都中者）、"有终"（末箭入壶者）、"骁箭"（投入壶中之箭反跃出来，接着又投入中者）等。

探究活动

1. 观看视频。

欣赏某电视剧中的投壶片段，结合知识链接，我们知道投壶术语分别有：＿＿＿＿＿

_____

2. 阅读古文。

三请三让

投壶之礼,主人奉①矢,司射②奉中③,使人执壶。主人请曰:"某有枉④矢哨⑤壶,请以乐宾。"宾曰:"子有旨酒嘉肴,某既赐矣,又重以乐,敢辞。"主人曰:"枉矢哨壶,不足辞也,敢以请。"宾曰:"某既赐矣,又重以乐,敢固辞。"主人曰:"枉矢哨壶,不足辞也,敢固以请。"宾曰:"某固辞不得命,敢不敬从?"宾再拜受,主人般还⑥,曰:"辟⑦。"主人阼阶上拜送,宾般还,曰:"辟。"已拜,受矢,进即两楹间⑧,退反位⑨,揖宾就筵。

——(《礼记·投壶》)

【注释】

① 奉:音义同"捧"。② 司射:本是主持射礼的,投壶属于射一类的事,所以司射亦主持投壶之礼。③ 中:器物名,刻木作伏着的兕鹿等形状,背上立圆圈,用以盛算筹。④ 枉:曲而不直。⑤ 哨:不正的样子。此句为主人的谦辞。⑥ 般还(xuán):原地转身,表示不敢受礼。⑦ 辟:同"避",避礼是要阻止对方行礼。⑧ 两楹间:堂上两庭柱之中。⑨ 反位:回到阼阶的位置。

本段古文的大意是:_____

_____

_____

3. 评价。

自愿报名,两人一组,重演投壶礼仪中的三请三让,台下观众做评委进行打分。

打分表			
我是演员:		我是观众:	
舞台表现		舞台表现	
台词熟练		编排创意	

第四单元 大唐文化

活动五　现代投壶来挑战

知识链接

套　圈

套圈是我国民众喜爱的传统游戏，起初的套圈只是一种自娱自乐的游戏，现在多被小贩们用于商业活动。过去，套圈游戏会摆上一些物品，在距这些物品数米之外拉一条绳子，参加者必须在绳外掷圈。先交钱买圈，拿到圈后，站在绳外，瞄准自己想要的东西，将圈掷去，如果套中，物品归掷者所有。

探究活动

1. 阅读知识链接，阐述套圈游戏规则：_____

_____

2. 分组活动，开始套圈小比拼。

（　　　　　）小组套圈小比拼		
组内成员	成绩记录	总成绩

3. 我的套圈小感受。

_____

_____。

4. 古代投壶和现代套圈之间的共同点和不同点。

相同点：_____

_____。

不同点：_____

_____。

5. 发挥你的聪明才智，进行现代套圈小改造，画一画套圈还可以怎么玩。

 **大唐围棋试对弈**

知识链接

围棋棋盘和棋子

棋子：分黑白两色。多为扁圆形（也有双面突起的应氏棋子）。棋子的数量以黑白子各180个为宜。

棋盘：盘面有纵横各19条等距离、垂直交叉的平行线，共构成19×19=361个交叉点（以下简称为"点"）。盘面上标有9个小圆点，称为星位，中央的星位又称"天元"。棋盘边缘的第一条线叫作一路线，由此往天元的方向数，分别是二路线，三路线……数字大的称作高位，反之则称之为低位。棋盘可分为"角""边"以及"中腹"。围棋的棋盘上一共有4个角，4条边和1块中腹（又叫中央）。在角落里，由2条一路线（包含它自己）和2条四路线（包含它自己）所围成的区域是角。四路线（包含它自己）以下除了角的区域就是边。中间那部分既不属于角，也不属于边的就是中腹。

探究活动

1. 通过上述文字表达，在围棋棋盘上标出星位，天元，角，边，中腹。

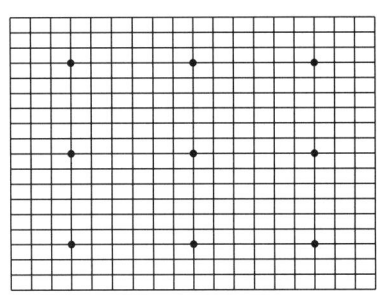

（1）我用了_____次标注正确。

（2）在标注的过程中，我认为要提醒同学们注意的是：_____

2. 查找关于围棋规则的资料，填入下面的表格中。

		围棋的规则
1	猜先	①由年长一方或段位高一方抓一把白棋，请另一方猜手中棋子是单还是双。②另一方取一颗或两颗黑棋放在棋盘上，表示猜测对方手里的棋子是单数还是双数。③猜对了执黑，猜错了则执白。

3. 练习拿棋姿势。

（1）食指在下，中指在上，轻轻夹住棋子。

（2）查看同桌的姿势是否正确。

4. 观看围棋比赛视频。

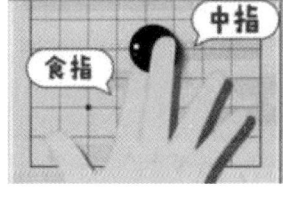

观看视频后，我的收获是_____

活动七　大唐围棋我能行

知识链接

基本术语

气：在棋盘上与棋子紧紧相邻的空交叉点，单独一个棋子的气数不超过四气，但两个或两个以上相连的棋子则可以有四气以上。在对方棋子的活路上落子紧迫，称为"紧气"。

提：无气的棋子要被提子，拿离棋盘。提吃对方的棋子，称为"提子"。

目：棋盘上，被一方棋子所围的空白交点，称为"目"。

地：活棋所包围的目数和活棋本身之总和，称为"地"。

空：用棋子围成的地域。

劫：双方可以轮流提取对方棋子的情况。围棋规则规定，打劫时，被提取的一方不能直接提回，必须在其他地方找劫材使对方应一手之后方可提回。

其他术语

长：是指紧靠着自己在棋盘上已有棋子继续向前延伸行棋。"长"一般用于与对方接触交战的时候，便于将己方的子连成一片，更好地攻击对方。

爬：是指一方的棋子在对方的压迫下，沿着边上低位，也就是一线或二线的位置上长。爬可以用于做活、连络、占地、搜根等。

断：是直接切开对方棋与棋之间的连络，使对方的棋分散开的行棋方法。

虎：指的是在原来棋盘上呈尖形二子基础上，再下一着，使之构成"品"字形状。虎，还包含有虎口、双虎等术语。虎是用来使棋盘上己方的棋子连络，也是为了防止对方的棋子切断己方连络的手段，有时也作用在活棋中，由于虎状的棋子弹性丰富，适用于作眼，所以在活棋中经常被采用。

探究活动

1. 阅读上述文字表达，挑选部分术语班内交流。

   我们小组内理解了这些术语，用自己的话说就是：_____

   _____。

2. 通过网上查询资料，我还能找到围棋术语。

术　语	含　　义

3. 对弈。

   （1）我和同学进行对弈，在对弈过程中，我利用的术语技巧是_____

   _____，

   对方利用的术语技巧是_____。

   （2）在棋盘上记录。

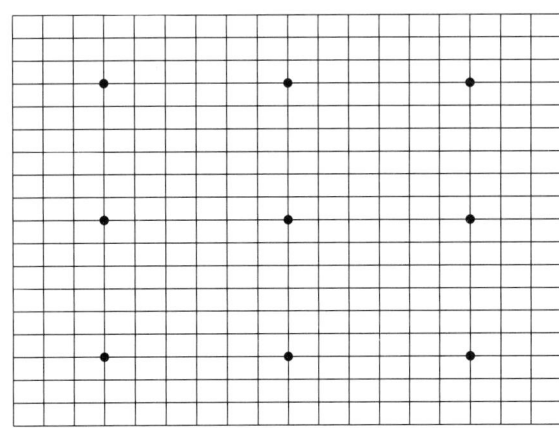

第四单元　大唐文化

活动评价表

评价内容	自评	互评	师评
活动一			
能认真欣赏视频并完成表格			
能写出描述蹴鞠的古诗并能说出诗的含义			
活动二			
能正确填写关于弓箭的填空			
能正确归纳总结四种弓箭的名称和用途			
能正确画出四种弓箭的特征			
能说出谁画得最好的理由			
活动三			
能制定射箭的注意事项			
能分享射箭的注意事项			
能补充射箭的注意事项			
能安全进行射箭比赛并做好记录			
活动四			
能正确写出投壶术语			
能正确翻译投壶礼仪			
能主动表演投壶礼仪			
能客观评价自己和同学的表演			

续表

评价内容	自评	互评	师评
活动五			
能阐述套圈游戏规则			
能安全进行套圈游戏			
能写出我的套圈小感受			
能分析古代投壶和现代套圈的相同点和不同点			
能说出创新套圈玩法			
活动六			
能正确标注星位、天元、角、边、中腹			
能正确查找围棋规则			
能正确拿棋			
能认真观看视频,分享自己的感受和困惑			
活动七			
能正确理解对弈术语			
网上查询理解其他围棋术语			
能利用对弈技巧进行对弈			
能记录对弈棋局			

评价标准:优秀,良好,一般

大唐衙役

活动目标

1. 了解衙役的分类，知晓不同衙役的职责，能将古代衙役的职责与现代的职业相联系，对衙役产生兴趣。

2. 知晓捕快名称的由来，能认识几个历史上有名的捕快，喜欢捕快这个职业。

3. 了解警察的分类，清楚城管的职责，感受城管工作的不容易。

4. 了解古代捕快等衙役和百姓、现代城管和人们的规则，对规则有清晰的判断。

5. 了解什么是"行为规范"，对小学生日常行为规范有较清晰的认识，能指出别人不文明的行为。

6. 知道巡逻衙役应该怎么做，能为市民不规范的行为提出有效建议。

7. 能为更好地执行巡逻衙役职责设计有效工具。

8. 能发现不文明行为并找到纠正方法，对突发状况有准备。

活动内容

活动一：我和衙役交朋友。

活动二：古代"捕快"知多少。

活动三：现代"城管"我了解。

活动四：古今"规则"我知道。

活动五：行为规范我明了。

活动六：执行职责我清楚。

活动七：执"法"工具我设计。

活动一 我和衙役交朋友

知识链接

衙役小知识

衙役,意思是衙门里的差役,亦指在衙门中当差的人。地方州县等衙门内供驱使奔走之差役隶卒人等,统称衙役。具体又有内班与外班之分:内班是在衙内服役,如门子、侍役之类。外班又有壮班、皂班、快班等"三班"以及粮差、仵作之类。人员都是招募自民间市井,属于职役性质之义务职。有的父子相承,世代执役;有的临时调集,事毕仍复为民。

衙役的地位低于吏员。吏员尽管没有品级,但好赖还是官方人员,而衙役根本没有官方身份,只属于为衙门衙役服役性质。这些人负责衙门的站堂、缉捕、拘提、催差、征粮、解押等事务。

皂班:负责长官的随行护卫、开道、升堂站班,在公堂上执行刑苔。

门子:旧时在官衙中侍侯官员的差役。

捕快:负责案件侦缉、抓捕罪犯,传唤被告、证人等。

壮班:负责把守城门以及看守牢狱、守护库房等。

快班:快班分步快、马快,始为传递公文而设,后以缉捕为主要职责。

仵作:中国古代官府中专门负责检验命案死尸的人。

探究活动

1. 阅读上段材料。

我知道衙役有_____和_____之分,内班有_____、_____等之类;外班有_____、_____、_____等"三班"以及_____、_____之类。

2. 小组合作。

（1）四人一小组，猜猜图片上的职业，将图片和序号一一对应。

① 皂班　　② 快班　　③ 仵作　　④ 捕快　　⑤ 门子　　⑥ 壮班

（　　）　　　　　　（　　）　　　　　　（　　）

（　　）　　　　　　（　　）　　　　　　（　　）

（2）猜与职业相关的谜语。

① 手到擒来：_____　　② 老鼠见猫，撒腿就跑：_____

③ 站如松：_____　　④ 桃李芬芳满天下：_____

我同桌_____猜对了_____个谜语，小组中_____猜对的谜语最多。

（3）上述谜语你还能想到其他的职业吗？

（4）在古代衙役中，有些衙役的职责，和我们现在哪些职业比较像？你能猜到吗？以小组为单位，每组至少选2个，请你说一说。

① 仵作　　② 捕快　　③ 快班　　④ 皂班　　⑤ 壮班

我的选择是_____。

在班级中，_____（哪一组）表现最好，猜对了_____（个）。

_____（哪一组）能全部猜正确。我们组猜对了_____（个）。

我们组认为古代的_____相当于现代的_____（职业）。

活动二　古代"捕快"知多少

知识链接

捕快小知识

捕快原来分为捕役和快手,后来人们把捕役和快手合称,就叫成了捕快。捕快的称呼起源无法考证,但是至少在原始社会末期、奴隶社会前期就拥有了类似职能的人,他们负责缉捕罪犯、传唤被告和证人、调查罪证。

捕快平日身着便装,腰挂表明身份的腰牌,怀揣铁尺、绳索。领班称"捕头""班头"。老百姓称捕快为"捕爷""牌头""头翁""牌翁",等等。在明清法律条文中,称捕快为"应捕"或"应捕人",即"本有逮捕罪人之责的人"。有的大州县,捕快往往配备马匹执行公务,故又称之为"马快"。而徒步者,则称之为"步快""健步""楚足"。各州县在编的"经制正役"的捕快,因州县大小而决定其人数。

捕快所承担的侦破任务都有时间限制的,叫"比限",一般5天为一"比",重大的命案3天为一"比"。过一个"比限",无法破案的,捕快便要受到责打。

探究活动

1. 阅读上段材料。

我知道了捕快是_____和_____的合称,他们主要负责_____。

唐代的捕快也叫_____,捕快的首领叫_____。

2. 通过查找资料,我还知道的捕快知识有_____。

3. 观看动画片《黑脸大包公》。

我看到动画片中的捕快有_____。

他们协助包大人一起_____。

我最喜欢的捕快是_____,因为_____

_____。

我还知道的捕快有:_____(谁),我是从_____(哪里)知道的。

4. 编一编儿歌,夸一夸神气的捕快。

我来读读编的儿歌,我的儿歌名字叫_____,这首儿歌写了_____

_____。

◆ 我觉得_____同学的儿歌编得最好,既夸了_____,又_____

_____。

活动三 现代"城管"我了解

知识链接

城 管

城管是指负责城市管理监察行政执法的指导、统筹协调和组织调度工作,城市管理监察行政执法队伍的监督和考核工作,贯彻实施国家及所属城市有关城市管理方面的法律、法规及规章,治理和维护城市管理秩序。

探究活动

1. 阅读上段材料。

（1）城管负责＿＿＿＿＿＿、＿＿＿＿＿＿和＿＿＿＿＿＿。

（2）城管的主要职责是＿＿＿＿＿＿＿＿＿＿＿＿＿＿＿＿＿＿＿＿＿＿＿,
＿＿＿＿＿＿＿＿＿＿＿＿＿＿＿＿＿＿＿＿＿＿＿＿＿＿＿＿＿＿＿＿＿。

2. 下列关于城管的职责哪些是正确的？对的打"√"。

（1）城管负责公园里的绿化管理。（   ）

（2）城管不负责管理市面上的黑车。（   ）

（3）丁丁随意在大街上摆摊,城管劝他离开。（   ）

（4）小明开了一家小吃店,城管在店里检查时,发现垃圾分类没有做好。他们可以没收其营业执照。（   ）

（5）小红爸爸停车停在不允许停的地方,城管有权力对其进行处罚。（   ）

3. 出示小品剧本《大城小事》。

城管队员管德严早晨被女儿冉冉拦住不让出门,原来今天是冉冉的生日,他答应陪女儿好好过生日,可队里有任务,他要去上班。管德严哄女儿说下班后给她买芭比娃娃,冉冉才松开了手。

王大妈在绿化带晒被子被管德严移走，小赵跨门槛占道经营，被管德严劝退，老李将货卸在马路中间，管德严及时阻止，并帮助他运货……

（1）5人一小组，小组合作商量角色分工。

人　物	扮演者
管德严——男，中年，城管队，细心，爱唠叨	
艾美丽——女，青年，居民，傲娇，任性，喜爱宠物	
孟　龙——男，青年，艾美丽丈夫	
冉　冉——女，6岁，管德严女儿	
谭　芳——女，中年，管德严妻子	

（2）小组对台词，编排动作。

◆ 在排练时，_____的表现最突出；_____最有创意；_____最投入。

◆ 说说自己在排练中做得好和不足的地方。

_____

（3）表演小品。

◆ 我们组表演时，表现最好的人是_____，因为_____。

◆ 我对_____组印象最深，因为_____。

（4）画上表演中精彩的瞬间。

活动四　古今"规则"我知道

知识链接

规　则

规则，一般由群众共同制定、公认或由代表人统一制定并通过的，由群体里所有成员一起遵守的条例和章程。它是得到每个社会公民承认和遵守而存在的。

在《谕巡捕、门房、签押三条》中，对捕快等衙役提出明确要求和行为规范。其中专门讲了如何处理礼品："不许收受银礼……不准凌辱州县……不准收受丝毫礼物……"至于送礼物者，一概谢绝不收。无论茶叶、小菜，以及裁料、衣服、书籍、字画、古玩、器皿、金银、食物均皆不收。

城管不得有以下行为：选择性执法；威胁、辱骂、殴打行政相对人；工作期间饮酒，酒后执勤、值班；为行政相对人通风报信、隐瞒证据、开脱责任；打击报复行政相对人等。

探究活动

1. 阅读了上述材料。

我知道了对于礼品，捕快不能＿＿＿＿＿＿＿＿＿＿＿＿＿＿＿＿＿＿＿、＿＿＿＿＿＿＿＿＿＿＿＿＿＿＿＿和＿＿＿＿＿＿＿＿＿＿＿＿＿＿＿＿＿＿＿＿。

◆ 你认为捕快和现在的什么职业比较像？

＿＿＿＿＿＿＿＿＿＿＿＿＿＿＿＿＿＿＿＿＿＿＿＿＿＿＿＿＿＿＿＿＿＿＿＿＿

＿＿＿＿＿＿＿＿＿＿＿＿＿＿＿＿＿＿＿＿＿＿＿＿＿＿＿＿＿＿＿＿＿＿＿＿＿

＿＿＿＿＿＿＿＿＿＿＿＿＿＿＿＿＿＿＿＿＿＿＿＿＿＿＿＿＿＿＿＿＿＿＿＿＿

2. 看图思考并判断城管这样做是否合理。

① ② ③
④ ⑤ ⑥

◆ 我们组认为城管的做法合理的有：序号_____。
我们组认为城管的做法不合理的有：序号_____。

◆ 在同一场执法中，其中一个违法者是城管的哥哥，这个城管在执法时没有处罚自己违法的哥哥，但对违法的另一个人执法却很严格。他做得_____（对/错）。他应该_____
_____。

3. 老师出示《捕快张二愣》的小故事，请学生分享。
◆ 小组讨论：听了故事，张二愣做的不对的地方有_____。
◆ 情境再现，请学生演一演正确的做法。我认为，_____的想法很正确，他想到了捕快要_____。如果是我，我会这样
_____
_____。

◆ 平时生活中你见过城管执法吗？你觉得他们的执法行为怎么样？
_____
_____。

活动五 行为规范我明了

知识链接

行为规范

行为规范,是社会群体或个人在参与社会活动中所遵循的规则、准则的总称,是社会认可和人们普遍接受的具有一般约束力的行为标准。它是在现实生活中根据人们的需求、好恶、价值判断,而逐步形成和确立的,是社会成员在社会活动中所应遵循的标准或原则。由于行为规范是建立在维护社会秩序理念基础之上的,因此对全体成员具有引导、规范和约束的作用,引导和规范全体成员可以做什么、不可以做什么和怎样做。

探究活动

1. 观看《小学生日常行为规范》儿歌动画。

(1)在动画中,我一共看到_____条小学生日常行为规范。其中_____

_____条令我印象最深。

(2)请任选其中一个场景,和同桌说一说,当你面对这种情况时你会怎么做。

◆ 你赞同同桌的说法吗?是否有补充?

第四单元 大唐文化

（3）将刚刚选择的场景，和同桌两人配合着演一演。

（4）上台表演。

◆ 我最喜欢_____这一组同桌的表演。他们表演的是_____场景。我最喜欢他们的表演是因为_____。

2. 观看学生活动《大唐穿越》视频。

（1）观察并思考：活动中小朋友们符合哪些行为规范？

_____。

（2）小组讨论：你发现了哪些不文明的行为？应该怎么做？

_____。

（3）交流。

◆ 我们组认为，在_____时，应该_____。

3. 假如现在你是"大唐穿越"活动中巡逻的衙役，你的职责是什么？

（1）5～6人为一组，小组讨论。

_____

_____

（2）交流。

_____

_____

（3）总结。

_____

_____

活动六　执行职责我清楚

知识链接

巡逻衙役职责

● 着装整齐，佩带齐全，按规定上岗交接班，忠于职守，在岗期间不与同事或闲杂人员闲谈。

● 按照巡逻路线、巡查点进行巡查；按规定路线巡查，发现问题及时记录、报告；对可疑人员及时进行询问，并报告队长。

● 及时制止人们的违章行为，维护公共秩序，记录不遵守秩序者。

● 随时向队长报告所处位置，以便于突发事件发生时的紧急支援，掌握各类突发事件的处理程序及伤员的基本救护常识。

● 巡逻次数不少于8次，重点部位、重点时间以及特殊情况加强巡逻；及时发现和处理不安全隐患；接受人们的投诉和求助、回答用户的询问。

探究活动

1. 现在你是巡逻衙役，发现有人有不规范的行为，应该怎么做呢？

（1）小组讨论。

语言（如何跟行为不规范者沟通？有哪些注意要点？）	
行为（遇到这样的情况，你会采取哪些措施？）	

第四单元　大唐文化

讨论时，大家一致通过的意见是_____
_____。

（2）各小组交流，其他组补充。

在交流过程中，_____小组提出来的意见最多。

（3）交流，总结。

2. 如何让市民更好地遵守行为规则？

（1）小组讨论：建立奖罚制度。

_____
_____。

（2）交流奖励方法：_____
_____。

交流惩罚方法：_____。

3. 遇到突发事件如何处理？

（1）小组讨论：设置方案。

_____。

（2）交流方案内容。

（3）总结。

突发事件类型：_____。
负责人：_____。
急救措施：_____。
辅助人员安排：_____。

 **活动七　执"法"工具我设计**

知识链接

工　具

工具原指工作时所需用的器具,后引申为达到、完成或促进某一事物的手段。工具是一个相对概念,因为其概念不是一个具体的物质,所以只要能使物质发生改变的物质,相对于那个能被它改变的物质而言就是工具。

工具是参与完成创新活动的重要手段之一,选择合适的工具会使创新活动的效率更高,甚至会达到倍增的效果。创新活动反过来又对工具的改进和新工具的需求起着强大的推动作用。

对于巡逻衙役来说,为了帮助他们的工作顺利进行,他们的工具可以是多种多样的。不同的职责可以设计不同的工具。

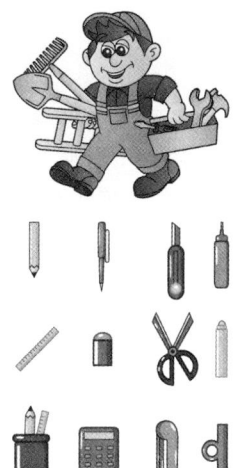

探究活动

1. 小组讨论。

作为一名巡逻小衙役,你认为什么样的工具能帮助你更好地执行职责?

(1) 思考并记录所需工具。

工　具	用　途

第四单元　大唐文化

（2）对于所需的工具，你有什么特别的设计想法？

请你画画设计图。

（3）展示交流。

我们组认为，_____组的设计图很特别，亮点在于_____。

（4）制作工具：

前期材料准备	任务安排（人员）	是否完成

2. 展示交流。

（1）我和_____一起制作了_____。在制作过程中，我们发现了（难点）_____，我们是这样克服的_____。

（2）我觉得_____小组的设计最特别，因为_____。

（3）在观看其他小组设计后，我觉得我们小组的设计需要修改的地方是：_____。

活动评价表

评价内容	自评	互评	师评
活动一			
能知道衙役的分类			
能将图片和不同的衙役联系起来			
能猜到与职业相关的谜语			
能联想到其他职业			
能将古代职业和现代职业相联系			
活动二			
能知晓捕快名称的由来			
能了解一些捕快的其他知识			
能认识几个历史上有名的捕快			
能编儿歌夸夸捕快			
活动三			
能正确说出并判断城管的职责			
能合理分工出演《大城小事》			
能根据台词编排动作			
能顺利表演小品，体会城管工作的辛苦			
活动四			
能准确知道捕快在礼品方面的规则			
能将捕快和城管联系起来			
能判断城管工作方面的规则			
能判断城管的做法是否合理			

续表

评价内容	自评	互评	师评
能与同学分享《捕快张二愣》的小故事			
活动五			
能认真观看并记忆《小学生日常行为规范》儿歌动画，面对不同生活场景知道应该怎么做			
同桌两人能配合演一演选择的场景			
能找出"大唐穿越"活动中符合行为规范的学生			
能发现不文明的行为并提出建议			
能用"我们组认为，在_____时，应该_____"的句式说清楚建议			
能清楚"大唐穿越"活动中巡逻衙役的职责			
活动六			
能从语言、行为等方面交流解决方法			
能对活动人员不规范的行为提出解决方法			
能明确奖罚制度的要求			
能说出相应的奖惩方法			
能为突发事件设置方案			
活动七			
能思考并记录更好执行职责的工具			
能画出所需工具的设计图			
能展示交流设计的图			
能大胆展示制作的工具			

评价标准：优秀，良好，一般

唐朝书法

活动目标

1. 知道文字演变的过程，了解不同书体的名称及特点；用不同形式进行展示汇报，培养语言表达、团结协作能力。

2. 知道楷书四大家的生平事迹，通过讲故事、看视频、赏作品等形式加深对楷书书法家的认识。依次对临楷书四大家字体，感受不同的笔法特点。

3. 知道书法作品可用于装饰、美化生活的作用；认识传统书法格式，尝试用对临的方法书写斗方楷书作品。

4. 学习以条幅书法格式对临楷书作品，了解条幅书法作品的基本章法和组成要素，能根据书写字数（四个字）对宣纸进行合理的裁剪与折叠。

5. 了解扇面书法作品的相关知识，知道在扇面上创作行书作品的基本款式；能在扇面上用双勾廓填的方法临写行书书法作品。

6. 初步了解唐代篆书名家及生平事迹，初步了解书法常用印，尝试用超轻彩泥设计制作一枚姓氏章。

7. 初步了解书法作品装裱相关知识，尝试用废旧材料自制外框装裱书法作品。

8. 能合理分配任务，展示"唐朝书法"活动，培养组织和团队协作能力。

活动内容

活动一：了解文字演变。

活动二：探秘楷书名家。

活动三：楷书直幅创作。

活动四：楷书条幅创作。

活动五：扇面作品创作。

活动六：认识唐朝篆书。

活动七：了解装裱工艺。

活动八：展示交流成果。

活动一 了解文字演变

知识链接

唐朝书法艺术

唐代是中国封建社会的鼎盛时期,当时,社会经济的空前繁荣为文学艺术的发展提供了物质条件。唐代博大气象所形成的唐人激越的胸襟和心态,在书法艺术上体现为洒脱奔逸、恢宏宽博的气势。唐代书法艺术成就最高的是楷书,今天仍有"学习楷法从唐入手"的说法。

探究活动

1. 书法的发展过程。

◆ 仔细朗读下列文字内容。

中国书法的演变顺序是甲骨文—钟鼎文—篆书(大篆、小篆)—隶书—草书—行书—楷书,书法作为中华民族的重要标志之一,演变的过程也是非常的漫长。

自秦统一后,秦始皇下令"车同轨,书同文",由丞相李斯普及小篆,小篆成为官方文字。文字的统一,为书法艺术的成熟奠定了基础。人们在使用文字时,总是希望文字好认一些,写得简便一些,尤其在事务急迫繁忙之时更是如此。同时,在由篆到隶的演化中,由于毛笔快写和笔法发展的缘故,草书便产生了。

魏晋南北朝是我国书法史上的一个重要时期,草、楷、行各体已完全成熟,中国书法的技法体系基本形成。后世的技法在此基础上虽有所丰富和变化,但不再有本质突破。

◆ 根据上述文字内容,完成问答题。

(1)中国书法演变顺序是_____。

(2)唐朝之前,已经形成的书法字体有_____。

(3)唐朝书法成就最高的是_____书体。

2. 多样的书体。

（1）辨一辨，填一填。

◆ 下列图片分别属于哪种书法字体？将对应的书体名称序号填入图片下面的括号内。

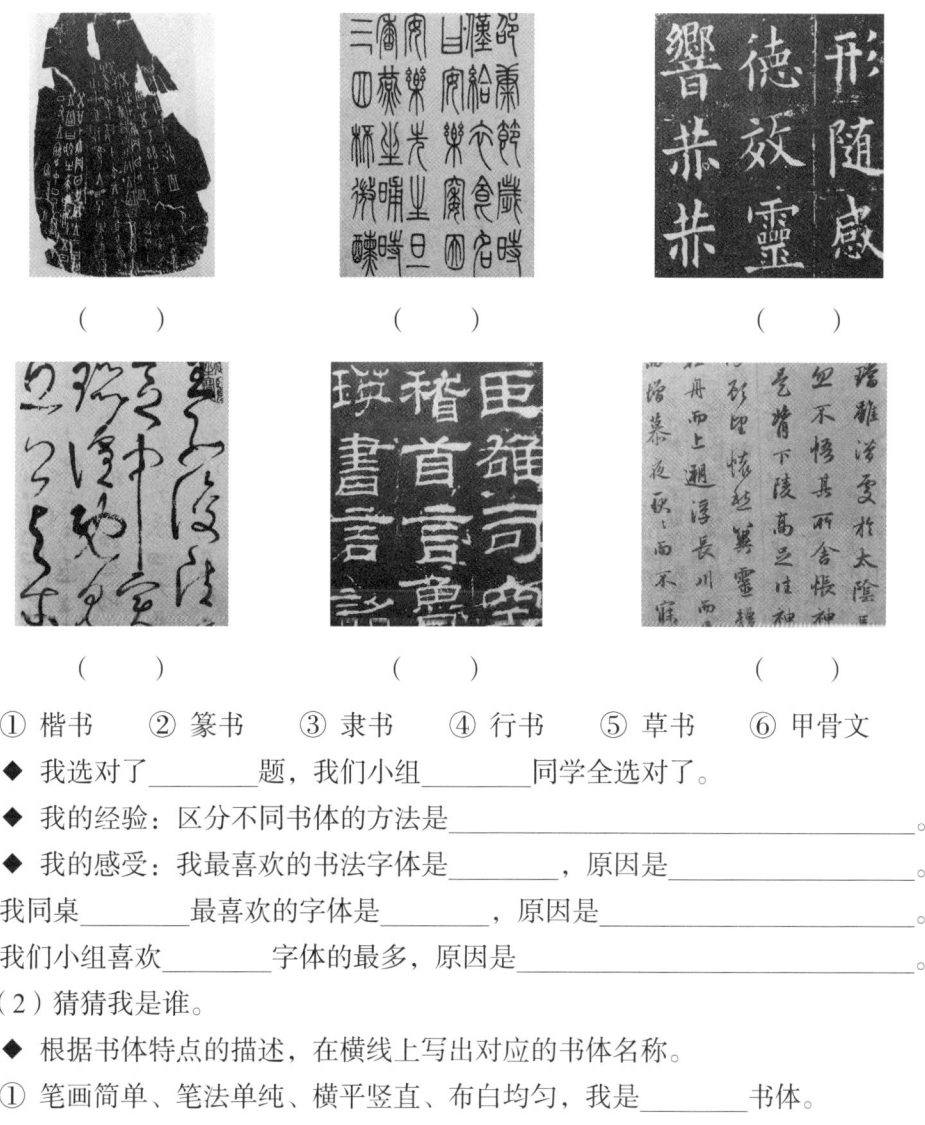

① 楷书　　② 篆书　　③ 隶书　　④ 行书　　⑤ 草书　　⑥ 甲骨文

◆ 我选对了_____题，我们小组_____同学全选对了。

◆ 我的经验：区分不同书体的方法是_____。

◆ 我的感受：我最喜欢的书法字体是_____，原因是_____。

我同桌_____最喜欢的字体是_____，原因是_____。

我们小组喜欢_____字体的最多，原因是_____。

（2）猜猜我是谁。

◆ 根据书体特点的描述，在横线上写出对应的书体名称。

① 笔画简单、笔法单纯、横平竖直、布白均匀，我是_____书体。

② 蚕头燕尾、波磔明显、对称均衡、重心平稳，我是_____书体。

③ 笔法丰富、各法兼施、笔势连绵、气势贯通、偏旁变化、书写快速、结构自由、体势各异，我是_____书体。

④ 笔法多变、节奏感强、结体多姿、各尽其势、笔画呼应、活泼有神，我是_____书体。

⑤ 对称均衡、重心平稳、比例均匀、朝揖相让、参差变化、多样统一，我是_____书体。

3. 走近唐朝书法。

（1）课前小任务——搜集唐朝书法的知识。

◆ 我的搜集渠道是_____（网络、杂志、书籍……），我同桌的搜集渠道是_____（网络、杂志、书籍……）。通过搜集资料，我的收获是_____。

（2）根据搜集的资料，用自己喜欢的图示梳理唐朝书法知识。（参考图示如下）

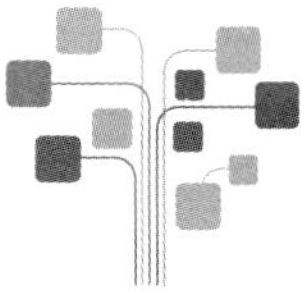

（1） 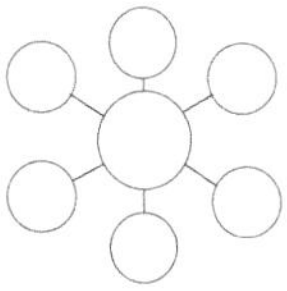　　（2） 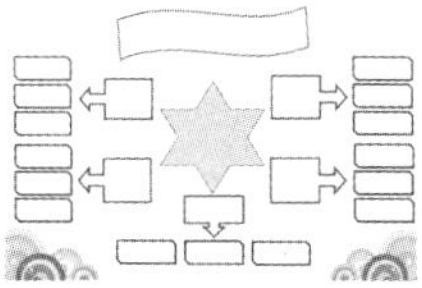　　（3）

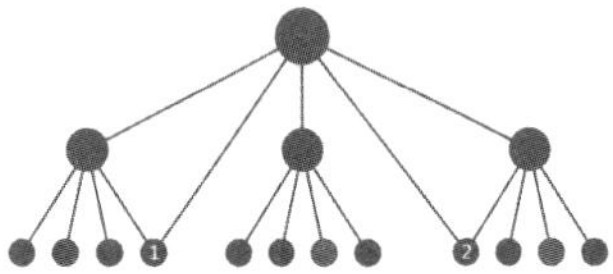

（4） 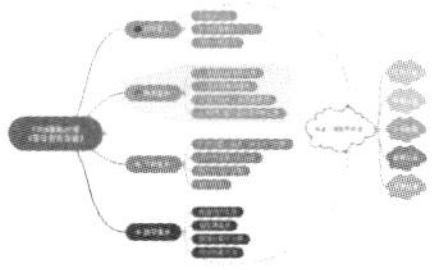　　（5）

◆ 我和_____同学合作完成梳理唐朝书法知识的任务，我们选择_____号参考图示。

◆ 我们是从_____（时间顺序、书法门类、书法家……）方面来进行梳理的。

◆ 我最喜欢_____小组的图示，原因是_____（绘制精美、清晰明了、内容详细、书写端正……）。

活动二　探秘唐楷名家

知识链接

唐代楷书

唐代书法艺术成就最高的是楷书，今天仍有"学习楷法从唐入手"的说法。其代表作有颜真卿的《多宝塔碑》和柳公权的《玄秘塔碑》。它们或壮美森严，刚正厚重，体现郁郁盛唐气象；或骨力劲健，均匀而瘦硬，体现书者"心正则笔正"的书法意念。唐代使我国书法艺术进入了全盛时期。

 探究活动

1. 认识唐楷四位书法家。

　　欧阳询　　　　　褚遂良　　　　　颜真卿　　　　　柳公权

◆ 观看《楷书四大家》短视频，完成下列连线题。

第四单元　大唐文化　　189

欧阳询　　　　　　　　　　　　《雁塔圣教序》

褚遂良　　　　　　　　　　　　《多宝塔感应碑》

颜真卿　　　　　　　　　　　　《九成宫醴泉铭》

柳公权　　　　　　　　　　　　《玄秘塔碑》

2. 唐楷字例我赏析。

◆ 同学们，以下4张图片分别是四位唐代楷书书法家的书法字例，请你和小伙伴一起欣赏，并说说自己喜欢哪种字体。

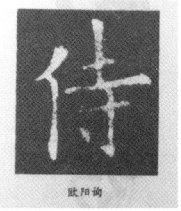   

组员姓名	欧体 喜爱指数	褚体 喜爱指数	柳体 喜爱指数	颜体 喜爱指数
	★★★	★★★	★★★	★★★
	★★★	★★★	★★★	★★★
	★★★	★★★	★★★	★★★
	★★★	★★★	★★★	★★★

◆ 我们小组喜欢_____体最多。

◆ 我喜欢_____体，理由是_____。

3. 细看慢学。

（1）仔细读一读下面的文字，说说收获。

临帖是书法学习的重要环节。在临帖时按照字帖上字的笔画特征和结构关系，比较准确地写在自己的练习纸上，这实际上就是一个记忆的过程。在临帖过程中，我们不光要记住笔顺笔画，更重要的是记住笔画的特征、形态、风格等。只有通过反复练习，才能熟练地把握书写动作，掌握汉字的结构规律，做到举一反三、触类旁通。

◆ 阅读了上面的文字，我的收获是_____

_____。

（2）对照4种不同风格的唐楷字体，分别进行临摹体验。

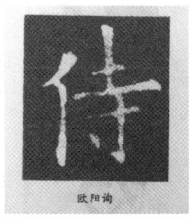   

　　欧体　　　　　褚体　　　　　柳体　　　　　颜体

◆ 学一学书写姿势。

  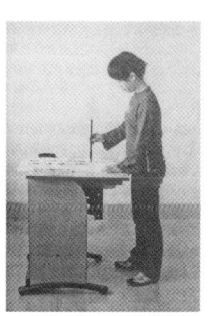

　　执笔方法　　　　　　书写姿势

◆ 读一读临摹口诀。

　　身坐正，脚放平，宣纸放在我胸前。左手轻轻压住纸，右手执笔要有劲。字帖放在旁，整体来观察。看清笔画和结构，一气呵成写好字。

◆ 我临摹得最好的字体是_____，我觉得_____字体最难写。
◆ 我认为小组_____同学的_____字体写得最好，我要向他学习。

第四单元　大唐文化　191

活动三　唐楷直幅创作

 知识链接

书法作品格式

无论是信函、文稿之类的应用文件书写,还是纯供欣赏的书法作品,都有一定的格式,所谓格式,也就是书法篇幅的形制。书写格式应根据具体环境场合、作品用途、文字内容及书体等来决定。几种常见的传统格式有:直幅、横幅、楹联、扇面。

 探究活动

1. 认识书法格式

看图选出正确的答案。

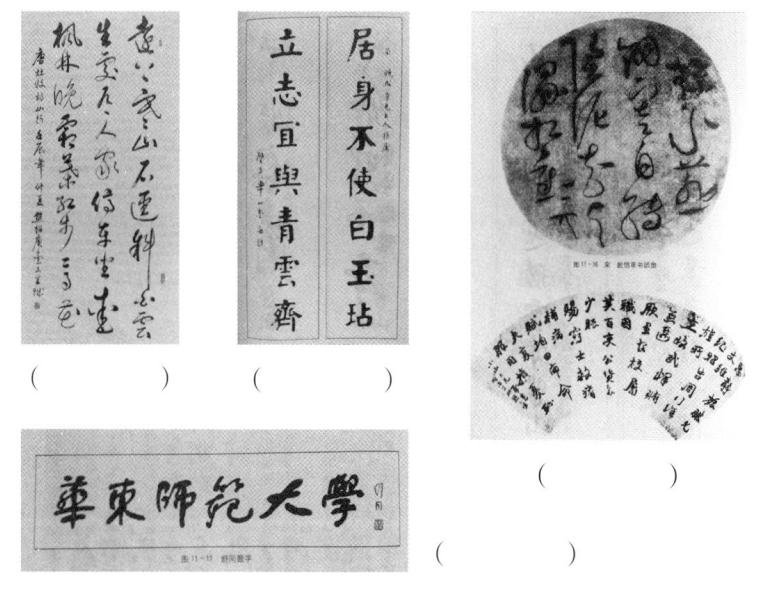

A 直幅(包括斗方)　　　B 横幅　　　C 扇面　　　D 楹联

◆ 我在_____见过_____书法格式的作品。我们小组同学分别在_____（公园、酒店、博物馆、家里……）见过_____款式的书法作品。

◆ 花灯上用_____（直幅（包括斗方）、横幅、楹联、扇面）进行装饰比较适合。

2. 书法装饰花灯。

（1）选出你认为装饰花灯尺寸比较适合的书法作品。用"√"表示。

　　（　　）　　　　　（　　）　　　　　（　　）

（2）准备装饰材料工具。

◆ 两人一组，根据老师提供的四角宫灯，书写直幅（斗方）唐楷作品进行装饰美化。

我的合作伙伴是_____，需要准备的材料工具有_____。
（在下面方框里选择需要用到的工具和材料）

□ 毛笔	□ 墨汁	□ 砚台
□ 毛毡	□ 宣纸	□ 直尺
□ 美工刀	□ 双面胶	□ 其他_____

◆ 临摹书写，从教师提供的唐楷书法作品资料中挑选一幅喜欢的进行临摹。

3. 晒晒成果。

◆ 我们小组装饰四角宫灯综合运用了_____（书法、绘画、剪纸……）等方法。

◆ 我与伙伴合作_____（默契、良好、一般），我们对自己的作品评价为_____（优秀、良好、一般）。

第四单元　大 唐 文 化　193

活动四　唐楷条幅创作

知识链接

书法章法

章法，体现书法作品的整体效果，艺术作品给人的第一印象便是章法，故"古人论书，以章法为第一大事"。

章法，也叫"布局"，是指书法作品中线结构的组织，它包括单字中对点画的组织和作品中对单字的组织。而习惯上把单字中对点画的组织称为结字、结体或"小章法"；把作品中对单字的组织称为章法或"大章法"。从广义上说，一件完整的书法作品，应该包括正文、落款和印章。这三者相辅相成，构成一件作品不可分割的整体。

探究活动

1. 小小鉴赏家——欣赏作品，回答问题。

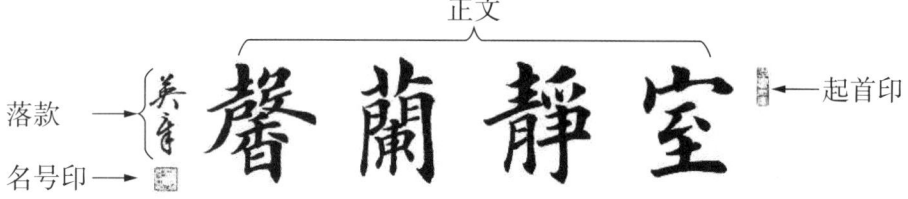

- 一幅完整的唐楷作品，主要由＿＿＿＿＿＿＿＿＿＿四个部分组成。
- 一般正文字体＿＿＿＿＿＿（大于或小于）落款。
- 落款位置位于正文的＿＿＿＿＿＿（略偏上、居中、略偏下）为宜。

2. 动手来布局。

- 同学们，根据老师提供的宣纸尺寸（80×30厘米），以四字条幅唐楷作品为创作内容，将整体布局设计在下面方框里，注意标注各组成部分的尺寸大小。

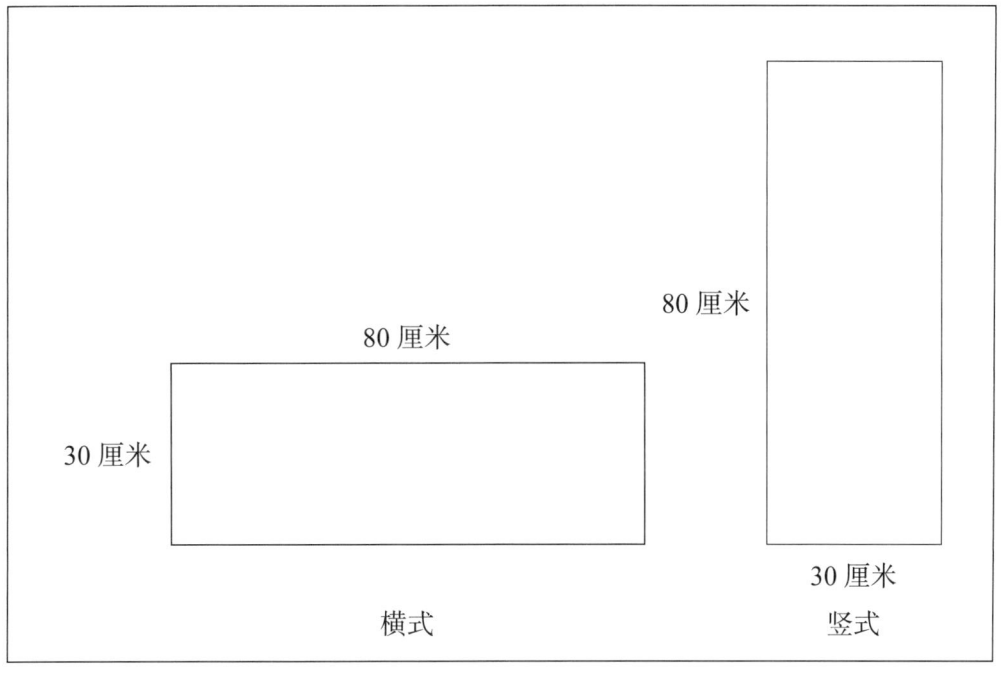

- 我的布局_____（很合理、较合理、需改进）。
- 同桌的布局_____（很合理、较合理、需改进）。
- 我认为我们小组整体布局最合理的同学是_____。

3. 我来写一写。

- 根据自己的章法布局，选择老师提供的唐楷条幅作品，在宣纸上对临。

（参考下图）

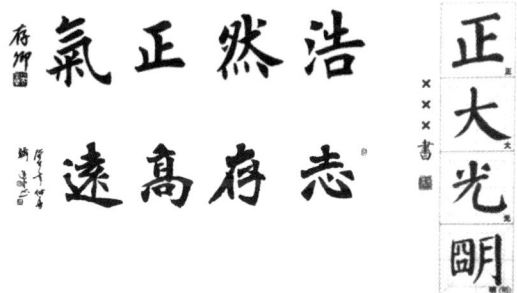

第四单元 大唐文化

活动五 扇面作品创作

知识链接

<h3 style="text-align:center">扇　面</h3>

扇面，是指在扇面上题字或扇形书法作品。扇面又有两种样式，一种是椭圆形的团扇式，其章法可与圆形一致，以求饱满充实，也可以圆中取方，以求变化。另一种是折扇式，这种格式，上宽下窄，呈辐射状，章法应因式制宜，灵活安排，使之丰富多彩，饶有趣味。

探究活动

1. 书法家故事我来讲。

◆ 课前搜集唐代行、草书名家故事，在小组里讲一讲。

◆ 我在小组里分享的故事是_____，我觉得小组_____同学讲的故事最有趣，他讲的是_____的故事，给我的感受是_____。

2. 书法家字体我来临。

（1）观察与比较：折扇上书写行书正文，哪种布局比较美观，和小组同学讨论。

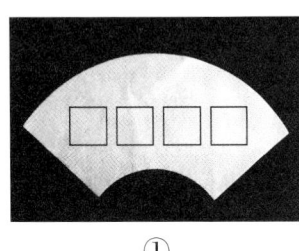 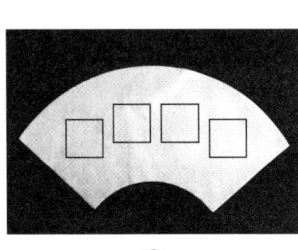 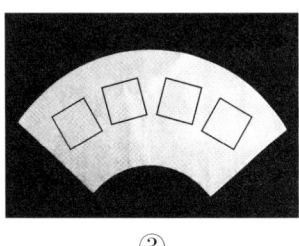

　　　①　　　　　　　　　②　　　　　　　　　③

◆ 我认为_____号正文布局比较美观，原因是_____。

◆ 我们小组与我相同想法的同学有_____。

◆ 除了正文的布局，还要考虑_____书法要素。

（2）布局与构想：在教师提供的扇面作品纸中设计四字行书作品布局（如下图）。

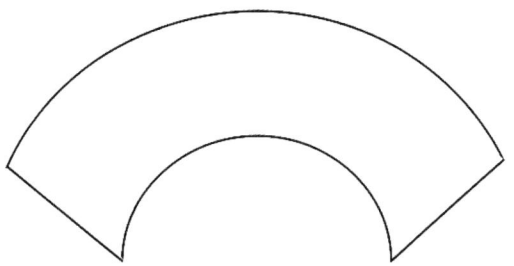

◆ 我认为小组里_____同学的扇面整体布局比较好，他的正文尺寸为_____；落款尺寸为_____；印章尺寸为_____。（单位：厘米）

◆ 小组同学对我设计的草图提出的修改意见是_____（字体大小、落款位置、印章位置……）。

（3）欣赏与模仿。

◆ 观看老师的示范视频，学习双勾扩填的临摹方法。

◆ 尝试用双勾扩填的方法来尝试书写一幅扇面行书作品。

3. 扇面作品我评议。

◆ 我写的是_____作品，我写出了_____的笔画特点，我对自己的作品满意度为_____（ 颗星、两颗星、三颗星）。

◆ 我在小组中被评为_____（书法小明星、书法启明星、书法璀璨星）。

活动六 认识唐朝篆书

知识链接

唐代篆书

唐朝是中国书法史上重要的历史时期,其时名家辈出,风格繁富,并且在技法理论、书艺评论、美学探索方面也有突出的表现。篆书这一古老的字体也在汉魏的衰退后出现了新的繁荣景象。唐代篆书继承的是秦小篆风格的文字,在继承的基础之上,将秦小篆的古厚之气发展为细劲圆匀之风,这在篆书的发展史上占有重要的地位,并且影响到唐以后篆书的风格发展。

探究活动

1. 认识唐朝篆书家。

李阳冰(生卒年不详),唐代书法家,字少温、仲温,谯郡(今安徽亳州)人,一说合州(今重庆合川)人,祖籍赵郡平棘(今河北赵县),为赵郡李氏南祖之后。《三坟记》为李阳冰代表作。李阳冰在唐代以篆书闻名,其小篆,圆淳瘦劲,被誉为李斯后小篆第一人,对后世颇有影响。另外,李阳冰主编李白诗集《草堂集》并为序。

- ◆ 以上文字中,向我们介绍的唐代篆书名家是_____。
- ◆ 他的代表作是_____,他被誉为_____。
- ◆ 他主编了唐代大诗人_____的诗集并作序。

2. 仿制姓氏印章。

(1)想一想,议一议。

◆ 认一认材料与工具,根据材料与工具,猜一猜仿制姓氏印章的方法与步骤。

◆ 我的构思_____。
◆ 小组中和我有相同想法的同学有_____。

（2）看一看，排一排。

◆ 观看"仿制姓氏印章"微视频，将制作步骤进行正确排序。

1. 透明纸上写姓氏　　2. 纸反面按笔画形状贴泥条　　3. 搓泥条

4. 在白纸上压印出姓氏及外框　　5. 用力均匀地压印在纸上　　6. 待干后，泥条刷上红颜料

○ ⇒ ○ ⇒ ○ ⇒ ○ ⇒ ○ ⇒ ○

（3）晒一晒，评一评。

◆ 我仿制的是_____（自己、爸爸、妈妈、同学等）的姓氏。
◆ 我对自己的作品满意度为_____（一颗星、两颗星、三颗星）。
◆ 我最喜欢_____同学的作品，原因是_____
_____。

第四单元　大唐文化

活动七 了解装裱工艺

知识链接

书画装裱

中国的书画装裱工艺历史悠久，传统优良。它的出现标志着中国的书画从低层次到高层次的发展。装裱随着绘画和书法艺术出现，也是中国书画文化遗产的重要组成部分。现代装裱艺术不仅继承了古代装裱的各种技法，而且开发创造了新的装裱技法，使书画艺术更具观赏性。

探究活动

1. 装裱知识我了解。

（1）根据老师提供的文字资料，完成下面的填空题。

◆ 民间传统的书画装裱中，装裱师为了适合人们的日常生活，并起到美观的作用，一般把装裱款式分为以下几种：轴、_____、贴落、册页、_____、横批以及_____等，每一种款式都有其不一样的美。

◆ 字画装裱起源于_____朝代，成熟于_____朝代。

（2）欣赏视频——传统手工字画装裱与修复技艺。

◆ 观看视频后，我的收获是_____
_____。

◆ 一句话夸夸书画装裱师：_____
_____

◆ 小组汇总：传统书画装裱需要的材料工具有_____
_____。

2. 装裱工艺我仿制。

（1）看范例，答问题。

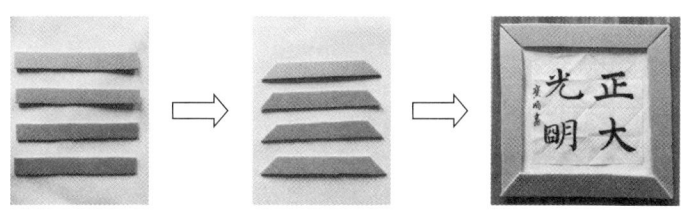

- 以上书法作品装裱用到的工具材料有_____。
- 切割斜面需要用到的材料与工具有_____，切割的角度为_____。
- 以上装裱方法给我的启发是_____。

（2）我的设想。

我的作品形式	适合的装裱形式
□直幅（斗方）　□横幅　□扇面	□卷轴　□册页　□扇面　□镜框
我的设计方案	

需要的工具：_____；

需要的材料：_____；

需要的技法：_____（卷、折、刻、粘等）。

我的设计流程（图文、尺寸标注）：

- 我觉得小组里_____同学的方案很不错，值得我学习。
- 小组成员觉得我的设计方案_____（优秀、良好、一般），需要改进的方面是_____

_____

_____。

第四单元　大唐文化

活动八　展示交流成果

知识链接

活动方案

活动方案指的是为某一次活动所制订的书面计划,具体的行动实施办法细则、步骤等,以确保活动的顺利、圆满进行。

探究活动

◆ 请以小组形式,策划并实施一次"唐朝书法"展示交流活动。

1. 我们的活动方案。

_____

_____

_____

_____

_____

◆ 我认为我们小组的活动方案亮点是_____

_____

_____。

◆ 我最喜欢_____小组的方案,原因是_____

_____

_____。

2. 我们的活动实施。

（1）我的岗位职责。

> 我的岗位名称：_____
> 我的岗位职责：_____。
> 具体内容：_____。

（2）活动反思。

◆ 我在活动中的表现（自评）_____
（负责、比较负责、一般）。

◆ 我在活动中的表现（同伴点评）_____
（负责、比较负责、一般）。

◆ 我最满意自己的地方是_____，
需要改进的是_____
_____
_____。

3. 展示我们的活动花絮。

活动评价表

评价内容	自评	互评	师评
活动一			
能够完成"书法发展过程"填空题			
能够完成"多样的书体"填空题			
能够搜集唐朝书法的相关资源			
能够用示意图表示唐朝书法发展过程			
活动二			
能够完成连线题			
能够说出自己所喜欢的字体			
能够写出阅读文字后的收获			
能够对不同风格的字体进行临摹体验			
活动三			
能选出自己喜欢的书法风格并说出理由			
能够选出装饰花灯尺寸比较合适的书法作品			
能够对四角宫灯进行装饰美化			
能够对自己和他人的作品进行评价			
活动四			
能说出一幅唐楷作品的4个组成部分			
能合理布局四字条幅作品			
能够在宣纸上用对临的技法临写唐楷条幅作品			

续表

评价内容	自评	互评	师评
活动五			
能在课前搜集唐代行、草书名家故事			
能够讲出唐代行、草书名家故事			
能够运用扇面形式临写唐朝行书或草书作品			
能够根据扇面作品进行评价			
活动六			
能说出唐朝著名篆书书法家姓名及代表作			
能够用教师提供的材料仿制一枚姓氏印章			
活动七			
能够根据老师提供的文字资料,完成填空题			
能够通过欣赏手工字画装裱的修复技艺视频,完成填空题			
能够根据仿制装裱工艺的过程范例回答问题			
能够完成"我的设想"表格的填写			
活动八			
能够策划、实施一次"唐朝书法"展示交流活动			
能够书写"唐朝书法"展示交流活动方案			
能够完成"我的活动岗位职责"的表格填写			
能够对自己在活动中的表现进行反思			
能够用照片形式展示活动花絮			

评价标准:优秀,良好,一般

唐朝历史

活动目标

1. 了解李渊起兵和唐朝定都长安的原因，知道李渊的哪些执政措施促进了唐朝的初步发展。
2. 了解玄武门事变的原因和过程，感受唐太宗在内政方面的措施及影响。
3. 知道武则天逐步垂帘听政的原因，了解武则天的执政措施及其影响。
4. 了解唐玄宗的哪些执政举措开创了开元盛世。
5. 感受唐朝统治者的奢靡之风，做华清池的小导游。
6. 感受安史之乱叛乱者的残暴和对唐朝的深远影响。
7. 感受安史之乱对唐朝政治、经济、文化和社会等方面的破坏。
8. 思考唐朝灭亡的原因，结合史料思考一个王朝怎样可以存续得更长久。

活动内容

活动一：大唐开国。
活动二：贞观之治。
活动三：武周代唐。
活动四：开元盛世。
活动五：开元后期。
活动六：安史之乱。
活动七：走向灭亡。

活动一　大唐开国

知识链接

大唐开国

隋朝末年，隋朝在隋炀帝的治理下民不聊生、国力衰竭，同时由于隋炀帝过度使用国力与三征高句丽的失败，使得各地民变不止，史称隋末民变。考虑到这些，李渊做了充足的准备，并在短短一年内推翻了隋朝的统治，于公元618年登基为皇帝，改国号为唐，年号武德，立长子李建成为皇太子，李世民为秦王，李元吉为齐王。唐朝的建立结束了这种战火纷飞的时代，为百姓安居乐业的生活奠定了基础。

李渊在位时期，依据隋文帝旧制，重新建立中央及地方行政制度，又修定律令格式，颁布均田制及租庸调制，重建府兵制，为唐代的职官、刑律、兵制、土地及课役等制度奠定了基础。

探究活动

1. 阅读资料，说说隋末民变与李渊起兵的原因。

_____

_____

_____。

在分享的过程中，我觉得_____同学的表现最突出，因为_____

_____。

2. 定都长安。

（1）观看视频，思考唐朝定都长安的原因。

第四单元　大唐文化　207

（2）交流唐朝定都长安的原因。

_____

_____

3. 根据图片完成相关练习。

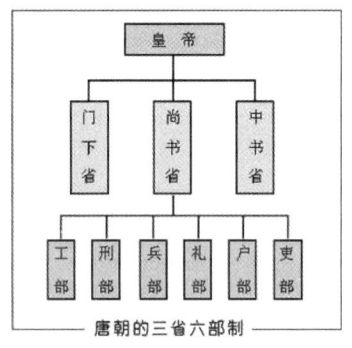

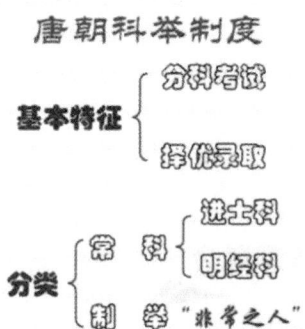

（1）唐朝根据_____的制度建立了本朝的中央及地方行政制度。

A. 秦朝　　　　　B. 汉朝　　　　　C. 隋朝

（2）隋唐开始兴起的_____制度有利于国家选拔人才。

A. 察举制　　　　B. 科举制　　　　C. 九品中正制

（3）唐朝的都城长安位于现在的哪个省？

A. 陕西省　　　　B. 河南省　　　　C. 山西省

活动二　贞观之治

知识链接

贞观之治

唐朝的崛起有赖秦王李世民，他的军事才能突出，率军赢得多次关键胜利。扫平群雄后，太子李建成与李世民之间发生了争夺皇位的斗争，公元626年李世民发动玄武门之变，杀了太子李建成与齐王李元吉，控制长安。李渊深知形势，于是禅让帝位，成为太上皇。李世民继位，即唐太宗。

唐太宗励精图治、纳谏如流，逐渐增强了唐朝的国力。在内政方面，唐太宗推行均田制与租庸调制，提升农业发展。在职官制度上，改良隋朝的制度，形成三省六部和科举选士制，限制皇权发展与打破贵族世袭等恶习。唐太宗不计出身，网罗了一大批精明强干的大臣，比如房玄龄、杜如晦等文臣，尉迟敬德、李靖、侯君集、程知节、李世勣和秦叔宝等武将。此外，唐太宗派官员四处询问百姓的生活情况，然后把各官员的功过写在屏风上，以便褒贬。

贞观时期国家安定，经济得到恢复和发展，史称"贞观之治"。其政绩的总结《贞观政要》成为日本和新罗帝王的治国教科书，亦为后世君主模仿学习的对象。

探究活动

1. 观看视频，了解玄武门事变的原因和过程。

（1）玄武门事变中，_____取得了最终的胜利？

A. 李元吉　　　　B. 李建成　　　　C. 李世民

（2）玄武门事变后，李世民即位，他的庙号是_____。

A. 唐高祖　　　　B. 唐太宗　　　　C. 唐玄宗

2. 课本剧：魏徵进谏。

（1）分配任务：确定演出活动分工，包括导演、演员、道具，完成任务单。

课本剧任务单　　小组名称：	
导　演	
演　员	1. 旁白_____ 2. 唐太宗_____ 3. 魏徵_____ 4. 总管_____ 5. 侍女_____
道　具	

导演：负责指挥组员开展工作，保障课本剧的顺利演出。

演员：负责课本剧中的具体角色扮演。

道具：负责课本剧所需道具的制作。

我担任的是_____任务，因为_____

_____。

（2）根据各自任务开始活动。

（3）以组为单位演出课本剧。

在表演的过程中，我觉得_____小组的表现最突出，因为_____

_____。

如果还有表演课本剧的机会，我想承担_____任务。

活动三　武周代唐

知识链接

武周代唐

贞观二十三年（649年），唐太宗李世民驾崩，其嫔妃全部要落发，到感业寺出家当尼姑，武则天就是其中一位，时年26岁。登基为帝的唐高宗李治，从太子时代就对武则天动心，所以，李治就下令召武则天入宫，不久，废王皇后立武则天。

一开始，李治尚能勤于政事，再加上有李世民遗臣辅助，大体亦可比拟贞观之治。但是李治本性懦弱，身体又羸弱，于是武后能得以代行政务，垂帘听政，终于渐渐掌握了政权。李治驾崩后，武则天把与唐室有血缘关系的人全部诛杀，在一扫反对势力后，于公元689年自立为帝，以洛阳为都，改国号为周。

武则天为壮大自己的势力，积极擢拔人才。除派试官在各地延集人才外，还于进士科加试杂文，又增设武举，选拔武官，创设殿试，亲试贡士，为以后的开元盛世，奠定了坚实的基础。

探究活动

1. 阅读资料，说一说武则天能逐步垂帘听政的原因。

_____

_____

　　在分享的过程中，我觉得_____同学的表现最突出，因为_____

_____

2. 观视频《无字碑》。

（1）观看视频后思考：为什么武则天的石碑是无字碑？

（2）交流武则天执政措施及影响：

_____

_____ 。

3. 文字游戏：曌。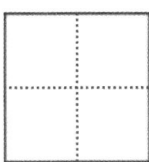

（1）写一写。

（2）猜一猜字的意思。

（3）听一听背后故事。

武则天作为历史上唯一的女皇，上承贞观之治，下启开元盛世，在那个男权至上的封建社会，登上权力巅峰，其智慧、手段可见一斑。公元649年，唐太宗李世民去世遗诏，命武媚娘（当时封为才人）出家于感业寺，法号为明空，希望她可以四大皆空，一心向佛。然而年轻气傲的武媚娘怎能甘心接受呢，她利用李治对她的爱慕，最终登上帝位。做了皇帝的武媚娘，觉得自己的名字太过柔弱，想到了改名字，想要通过名字树立威信，夸耀一下自己的功绩，于是想到自己的法号"明空"，决定效仿一下仓颉来造字。

以"曌"为名，寓意着日月当空、普照大地。创造了第一个字后，武则天欣喜若狂高喊："日月当空曌，则天长安笑。一朝作皇帝，世间我最傲。"从此来了兴致，召唤自己的大臣继续把造字活动发扬光大。

 **开元盛世**

知识链接

开元盛世

开元盛世，是指唐朝在唐玄宗治理下出现的盛世。

政治上，唐玄宗对吏治进行了整治，提高官僚机构的办事效率，重用贤臣，修订律法；经济上，唐玄宗制定经济改革措施，打击豪门士族，解放劳动力，减轻人民负担。军事上，唐玄宗对兵制进行改革，在边境地区大力发展屯田，扩张疆域，于东北设置了鞨鞈都督府、黑水都督府、渤海都督府等，在中国历史上首次将东北三省全境纳入中国版图。文化上，唐玄宗提倡文教，重道抑佛。唐玄宗还改善民族关系，这对社会经济发展起了很大的促进作用。

开元年间，经过唐玄宗的励精图治，唐朝国力达到鼎盛，形成了"万国趋河洛"的盛世局面。"忆昔开元全盛日，小邑犹藏万家室。"此间，唐朝在各方面都达到了极高的水平，国力空前强盛，社会经济空前繁荣，人口大幅度增长，天宝年间唐朝人口达到8 000万人。商业十分发达，国内交通四通八达，城市繁华，对外贸易十分活跃，波斯、大食商人纷至沓来，长安、洛阳、广州等大都市各种肤色、不同语言的商贾云集。

开元年间唐朝进入全盛时期，中国封建社会也达到了顶峰阶段。因当时年号为"开元"，史称"开元盛世"。

探究活动

1. 古诗欣赏。

忆昔二首（之二）

唐 杜甫

忆昔开元全盛日，小邑犹藏万家室。

稻米流脂粟米白，公私仓廪俱丰实。

九州道路无豺虎，远行不劳吉日出。

……

（1）观看视频，鉴赏古诗。

（2）诗中的开元是谁的年号？

（3）诗中反映了开元时期什么景象？

（4）诗中的豺虎指的是什么？

（5）以小组为单位配乐朗诵，班级展示。

◆ 在我们小组，我觉得_____同学的吟诵的最好，因为_____。

◆ 在我们班级，我觉得_____同学的吟诵的最好，因为_____。

2. 考考你。

（1）杜甫的诗"稻米流脂粟米白，公私仓廪俱丰实"描述的是唐朝哪位皇帝的统治？（　　）

A. 唐高祖李渊　　　B. 唐太宗李世民　　　C. 唐玄宗李隆基

（2）将历史人物与事件连线。

唐高祖李渊　　　　　　　　　　开元盛世

唐太宗李世民　　　　　　　　　中国历史上唯一的女皇帝

武则天　　　　　　　　　　　　唐朝开国皇帝

唐玄宗李隆基　　　　　　　　　玄武门之变

（3）歌剧《华清池》反映的是唐玄宗和谁的爱情故事？（　　）

A．杨玉环　　　　B．武则天　　　　C．太平公主

3．表演：皇帝上朝。

（1）教师出示《皇帝上朝》框架。

（2）学生选定角色并补充台词。

（3）以小组为单位排练。

（4）选择合适道具，并以小组为单位演出课本剧。

（5）在框内贴上精彩的演出照片。

在表演的过程中，我觉得_____同学的表现最突出，因为_____。

第四单元　大唐文化　215

活动五 开元后期

  知识链接

开元后期

唐玄宗前期重用贤臣，励精图治，社会经济继续发展，出现了封建社会前所未有的盛世景象。但在繁荣强盛的背面，深刻的社会及政治危机也在发展，土地兼并激烈，大量农民逃亡，均田制、府兵制和租庸调制都濒于崩溃，特别是节度使统辖的军事力量加强而中央政府军备废弛，导致内轻外重，成为后来安史之乱的伏因。

唐朝最高统治集团也日益腐化。开元末年，唐玄宗整天过着纵情声色的生活，杨贵妃一家势倾天下，任意挥霍，宫中专为贵妃院织锦刺绣的工匠就达700人，杨贵妃的姐妹三人每年脂粉钱就上百万。杨氏兄弟姐妹五家，"甲第洞开，僭拟官掖"。

  探究活动

1. 观看视频《华清池》。

（1）欣赏视频，感受唐朝统治者的奢靡之风。

（2）交流：唐玄宗沉溺于享受之中有哪些表现？

2. 做华清池小导游。

（1）小组合作查询资料。

（2）结合史实编写华清池导游词。

_____

_____

（3）用思维导图或图画等形式设计导游词。

（4）担任小导游。

◆ 在表演的过程中，我觉得_____小组的表现最突出，因为_____。

_____小组的表现需要加把劲，因为_____。

活动六 安史之乱

知识链接

安史之乱

安史之乱是我国历史上一次重要事件,是唐朝由盛而衰的转折点。安,指安禄山;史,指史思明,"安史之乱"系指他们起兵反对唐王朝的一次叛乱。

安史之乱的原因是多方面的,是各种社会矛盾的集中反映,主要包括统治阶级和人民的矛盾,统治者内部的矛盾,民族矛盾以及中央和地方割据势力的矛盾,等等。

统治阶级内部矛盾的激化,是安史之乱的直接原因。唐玄宗后期,"口有蜜、腹有剑"的奸佞人物李林甫,出入宰相达十九年之久。他在职期间排斥异己,培植党羽,"公卿不由其门而进,必被罪徙;附离者,虽小人且为引重"。

安史之乱自唐玄宗天宝十四年开始至唐代宗宝应元年(755—763年)结束,前后达八年之久。经历了这次历史事件,唐朝便迅速地衰弱下去了。

探究活动

1. 阅读资料,说一说安史之乱的原因。

2. 观看视频《长恨歌》,感受叛乱者的残暴和安史之乱对社会的破坏。
3. 结合《长恨歌》,说说安史之乱对唐朝的深远影响。

在分享的过程中,我觉得_____同学的表现最突出,因为_____

4. 把视频中你印象最深的场景画出来。

5. 课本剧:《安史之乱》。

（1）教师出示课本剧《安史之乱》。

（2）分配任务：确定演出活动分工，包括：导演、演员、道具，完成任务单。

课本剧任务单	小组名称：
任　务	姓　名
导　演	
演　员	
道　具	

导演：负责指挥组员开展工作，保障课本剧的顺利演出。
演员：负责课本剧中的具体角色扮演。
道具：负责课本剧所需道具的制作。

我担任的是＿＿＿＿＿＿＿任务，因为＿＿。

（3）根据各自任务开始活动。
（4）以组为单位演出课本剧。

在表演的过程中，我觉得＿＿＿＿＿＿＿同学的表现最突出，因为＿＿。

＿＿＿＿＿＿＿同学的表现需要加把劲，因为＿＿。

如果还有表演课本剧的机会，我想承担＿＿＿＿＿＿＿任务，因为＿＿。

活动七 走向灭亡

知识链接

唐朝覆灭

唐代后期，长年藩镇割据使唐王朝的统治权力名存实亡。在全国各地，藩镇节度使掌有地方政权与大部分兵权，也大都成为世袭制，不受唐王朝的统治。故而，晚唐的政权主要以平息叛乱为主，而无暇顾及经济文化等方面的发展。加之安史之乱的原因，使唐朝的国力每况愈下，一蹶不振。公元806年，唐宪宗李纯即位，在朝臣的帮助下，夺回了由藩镇割据的淮西等地，暂时使唐朝恢复统一。但宪宗自认有功，专断独行，宠信宦官，最终为宦官所害。之后，宦官的地位甚至与皇帝不相上下，成为唐帝国的真正掌权者。唐朝后期，黄巢、王仙芝等人发动农民起义，沉重地打击了唐王朝的统治。自此，唐朝被封闭在一个以长安为中心的小圈子里，唐帝国的统治已岌岌可危。

探究活动

1. 观看视频，思考唐朝灭亡的原因。

2. 思考，交流：一个王朝怎样可以存续得更长久？

3. 考考你。

（1）下面哪项不是唐朝灭亡的原因？

A. 藩镇割据　　　　B. 农民起义　　　　C. 均分土地

（2）_____推翻唐朝统治，建立了新的王朝。

A. 黄巢　　　　　　B. 朱温　　　　　　C. 王仙芝

（3）唐朝之后的中国是_____的，给人民带来了深重的灾难。

A. 统一　　　　　　B. 诸国林立　　　　C. 南北分治

4. 结合本课程所学，用思维导图画出唐朝历史的脉络。

活动评价表

评价内容	自评	互评	师评
活动一			
能说出隋末民变与李渊起兵的原因			
能思考、交流唐朝定都长安的原因			
能根据所学内容完成相关练习			
活动二			
能了解玄武门事变的原因和过程			
能根据所学内容完成相关练习			
能完成课本剧表演			
能评价同学表演并提出建议			
活动三			
能说一说武则天能逐步垂帘听政的原因			
能交流为什么武则天的墓碑是无字碑			
能交流武则天执政措施及影响			
能完成"曌"字的学习活动			
活动四			
能欣赏唐诗《忆昔二首》并完成相关练习			
能根据所学内容完成相关练习			
能完成表演"皇帝上朝"			

续表

评价内容	自评	互评	师评
活动五			
能认真观看视频《华清池》			
能交流唐玄宗沉溺于享受之中的表现			
能结合史实编写华清池导游词			
能用思维导图或图画等形式设计导游词			
活动六			
能说一说安史之乱的原因			
能认真欣赏视频《长恨歌》			
能结合《长恨歌》说说安史之乱的影响			
能把视频中印象最深的场景画出来			
活动七			
能认真观看视频并思考唐朝灭亡的原因			
能思考交流一个王朝怎样可以存续得更长久			
能用思维导图画出唐朝历史的脉络			

评价标准：优秀，良好，一般

唐朝配饰

活动目标

1. 认识唐朝配饰，知道它的概念和种类；通过唐代的配饰与现代的配饰对比，知晓唐代的服装配饰对后代的影响。

2. 通过媒介、讲解等知晓头饰的概念和种类，培养观察能力和审美能力。

3. 通过讲解、制作等活动，能对项饰有更形象的了解，培养审美能力。

4. 知道腕饰种类和搭配技巧，培养审美情趣。

5. 了解唐朝手饰的概念和种类。

6. 通过讲解、对比等活动对腰饰有更形象的了解；在香囊的设计和制作的过程中，提高动手能力和审美能力。

7. 了解折扇的历史，通过讨论交流、看图讲解或手工制作折扇，能说出折扇的种类。

8. 了解配饰的搭配原则，挑选合适的配饰来走秀，提高服饰配件方面的审美和鉴赏力。

活动内容

活动一：头饰的概念及种类。

活动二：项饰的概念及种类。

活动三：腕饰的概念及种类。

活动四：手饰的概念及种类。

活动五：腰饰的概念及种类。

活动六：折扇的概念及种类。

活动七：配饰的搭配原则。

活动一　头饰的概念及种类

知识链接

发饰与耳饰

发饰：包括发簪、发钗、发夹、发套、发带等。发簪和发钗是我国古代妇女的重要发饰。现代妇女通常使用发针、发夹、发带、网扣等。各种各样的头饰，只要佩戴得体，都会增添光彩。

耳饰：是戴在耳垂上的饰物，是最能体现女性美的饰物之一。它是通过款式、长度和形状的正确运用，来调节人们的视觉，达到美化形象的目的。

 探究活动

1. 知晓头饰的概念。

同学们，请你们仔细观察图片，她们的头上都戴了些什么？你能叫出它们的名字吗？

她们的头上戴了_____，我能叫出_____。

2. 了解头饰的种类。

（1）小组讨论：头饰的种类有哪些？你能举例说明吗？试着画一个思维导图。

（2）学生评价。

我觉得_____小组的思维导图画得很详细，他们_____
_____。

3. 认识唐朝发饰。

小组合作，搜集资料，完成表格。

种　类	材　料	用　途
发簪		
	金属	
		增添光彩

4. 认识耳饰。

（1）阅读以下资料，完成填空题。

◎ 历史：我国耳饰的历史可追溯到新石器时代。最早的耳饰称为玉玦，形状为

第四单元　大唐文化

有缺口的圆环形，多为玉制。据考证，最早的耳环用青铜制成，商代后出现了嵌有绿松石的金耳环，到了明代，耳环式样已相当多了。

◎ 种类：耳环有插圈和轧圈两种。前者只适合于耳垂上已有穿孔者佩戴，后者主要采用耳钳夹紧固定在耳垂上，其优点是便于脱卸。

◎ 样式：耳环样式变化多端，有带坠儿、方形、三角形、菱形、圆形、椭圆形、双股扭条圈、大圈套小圈等多种样式。

① 我国耳饰的历史可追溯到_____，最早的耳饰称为_____。

② 最早的耳环用_____制成，商代后出现了嵌有绿松石的_____，到了明代，耳环式样已相当多了。

③ 耳环有_____和_____两种。

④ 耳环样式变化多端，有带坠儿、_____、三角形、菱形、_____、椭圆形、双股扭条圈、大圈套小圈等多种样式。

（2）欣赏耳饰，说说你最喜欢哪种耳饰，为什么。

贝壳珍珠耳坠

碧玉梅花花型耳环

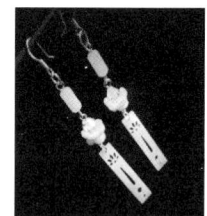
纯银耳环

翡翠冰种耳环

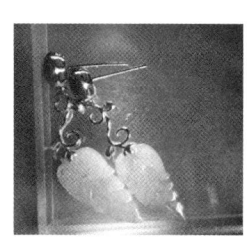
翡翠金枝玉叶耳环

红宝石耳坠

我最喜欢_____，因为_____。

活动二 项饰的概念及种类

知识链接

项　饰

项饰，是指人们佩戴于项间，装饰前胸及脖颈的饰物。项间装饰品起源很早，可以追溯到旧石器时代晚期。《荀子·富国篇》云："是犹使处女婴宝珠。""婴"在古汉语中又作"围绕、缠绕"之意，可知佩戴项饰是古代女子独有的装饰。

探究活动

1. 知晓项饰的起源和发展。

同学们，你们知道项饰的起源和发展吗？请查找资料，完成表格。

项　饰	
起　源	
发　展	

我知道项间装饰品起源很早，可以追溯到_____，一直到_____，项饰才开始为女性普遍使用。

2. 认识唐朝项饰，分组交流。

（1）小组合作，完成调查报告。

类　别	概　念	材　料
串饰	将各种饰品穿孔搭配，直接用绳子串联起来，装饰脖颈的美饰	初期选材以骨、牙、石、玉、贝等为主，后来则以金、银、宝石、玉等贵重材质为主

续表

类　别	概　念	材　料
项　链		
项　圈		
长命锁		
璎　珞		

（2）评价。

我觉得_____组完成得最好，因为_____

_____（可以从配合默契度、类别多样化、表述清晰度等来评价）。

3. 超轻彩泥捏塑项饰。

（1）在卡纸上用超轻彩泥捏塑项饰，做好后用彩笔画在下面的方框内。

（要求：款式新颖，色彩鲜艳，对比强烈；保持桌面干净、整洁。）

我捏塑的项饰是_____，用到的色彩有_____

_____。

4. 展示与评价。

在设计项饰的过程中，我觉得_____（同学）表现得最出色，因为_____

_____

（可以从创意制作、装饰美化、实用性等方面进行评价）。

活动三 腕饰的概念及种类

知识链接

腕　饰

腕饰是指佩戴在人体腕部的首饰，由手链、手镯、脚链、脚镯等组成。广义的腕饰包括手腕部位和脚腕部位的饰品，狭义的腕饰单指手腕部位的饰品，是手链和手镯的代名词。

手链、脚链是链条状的腕饰，链条很软，两头由环扣来固定；有单独一条链子的，也有在链子上挂各种装饰小坠的。此外，还有串珠手链和脚链，是用松紧绳来串起一串小饰品组成。

手镯和脚镯则是用坚硬的金属打造成固定的形状，有开口的，也有封闭成圆环状。

探究活动

1. 查找资料，了解唐朝腕饰的种类。

种　类	材　质	特　点
手　镯	金属、木质、玉器	圆形，美丽装饰，平安和吉祥的的护身符

2. 腕饰的选择和搭配技巧。

（1）讨论交流：如何选择腕饰？可以从哪几个方面来细心查看？把交流的结果写下来。

我最欣赏_____（同学）的交流。因为从他的交流中我知道了_____。

（2）判断以下腕饰搭配技巧是否合适，合适的用"√"表示，不合适的用"×"表示。

（　　）① 腕饰有金属的，也有玉石的。以贵金属为材质的腕饰，具有金属的坚硬和稳固，因此，多条腕饰可以混合佩戴。

（　　）② 对于手臂纤细、瘦弱的人，要尽量选择那种厚重的腕饰款式。

（　　）③ 对于手臂丰腴的人，可以选择那种比较宽大、夸张的腕饰款式，佩戴起来，有种雍容华贵的气质。

（　　）④ 在典礼、宴会等比较庄重的场合，可以佩戴那种很夸张的、醒目的腕饰。这可以增加人的亮点，让自己脱颖而出。

（　　）⑤ 贵金属与玉石类腕饰，可以尽量组合在一起，这两类的风格虽然截然不同，但是有利于腕饰的保护。

学生A：通过判断，我知道了腕饰搭配的技巧，比如说：腕饰的款式各个不同，整体上也有粗细之别。因此，佩戴时也要注意与身材的般配。

学生B：通过判断，我知道了腕饰搭配的技巧，比如说_____。

活动四 手饰的概念及种类

知识链接

戒　指

戒指古而有之，据现存文献记载，它有"手记""约指""驱环""代指""指环"等诸多异名。而这些异名中数"指环"使用的频率最高，使用的时间最长。直到明代以后，戒指的称呼才渐渐多起来。秦汉时期，妇女佩戴戒指就已很普遍。东汉时期，民间已将戒指作为定情之物，青年男女往往以赠送指环表达爱慕之情。到了唐代，戒指作为定情信物就更加盛行，并一直延续至今。

探究活动

1. 知晓手饰的概念。

（1）什么是手饰？

手饰是戴在_____的饰品。

（2）你所知道的手饰有哪些？

我知道的手饰有_____

2. 了解唐朝手饰的种类。

（1）手的部分有手臂、手腕、手指，所以手上的饰品可以分为哪几类？

（2）仔细阅读以下文字资料，观察图片，了解手饰的种类。

手的部分有手臂、手腕、手指，所有饰品可以分为：

① 臂饰：臂钏（佩戴在臂上的叫钏）。

一种套在手腕的环形首饰，特别适合于上臂浑圆的女性，能够表现女性上臂丰满浑圆的魅力。

第四单元　大唐文化

② 腕饰：手镯、手链。

手镯是一种套在手腕上的环形饰品。一般可分为两种：一是封闭性圆环，以玉石材料为多；二是有端口或有数个链片，以金属材料居多。按制作材料，可分为金手镯、银手镯、玉手镯、镶宝石手镯等。

③ 手饰：戒指、指甲套、护指套。

戒指前面已有介绍。指甲套又称护甲套。护指套一般可以护住整个手指，也是起美饰作用。

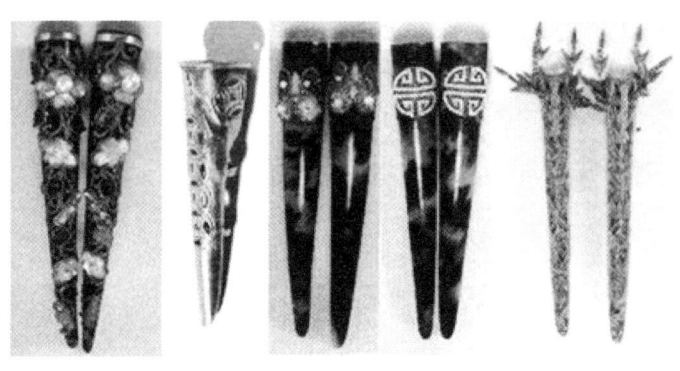

（3）将以下饰品写在合适的类别中。

手镯　　　　臂钏　　　　手链　　　　戒指　　　　指甲套

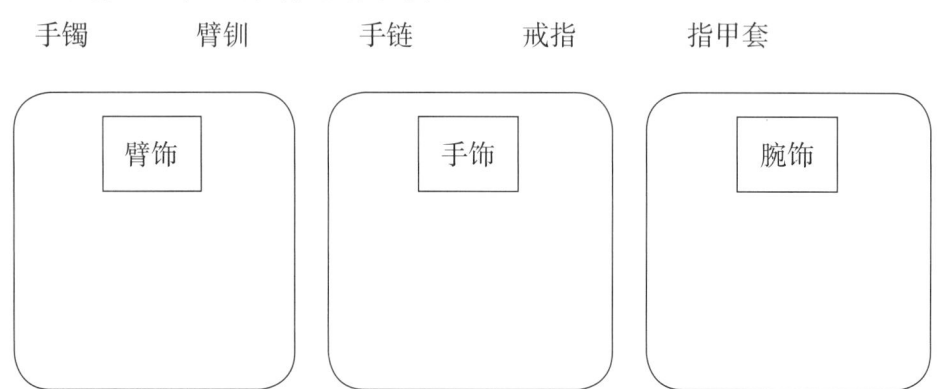

活动五 腰饰的概念及种类

知识链接

腰　饰

腰饰，一般理解为腰间携挂的饰物，主要包括玉佩、带钩、香囊及其他腰间携挂物。中国古代腰饰种类繁多，远远超过今人。从质地上分，大致分为玉制、金属制、丝制、皮革制等几种。其中，玉是古代最主要的配饰，玉佩在古代是贵族或做官之人的必佩之物。因为中国人以玉喻德，认为玉体现清正高雅。

探究活动

1. 知晓腰饰的概念。

（1）什么是腰饰？

（2）在古装戏中你看到过哪些腰饰？

（3）对比一下古代腰饰和现代腰饰，看看有什么异同点，请两人一组讨论交流。

种　类	古代腰饰	现代腰饰
相同点		
不同点		

我觉得_____小组观察得非常仔细，他们善于发现古代腰饰和现代腰饰的相同点是_____，不同点是_____。

2. 香囊的设计和制作。

（1）观看视频：香囊的简单做法。

（2）准备工具和原料。

① 各种花瓣（特别注意要有花香的）。

② 布（你喜欢的颜色或图案）。

③ 剪刀。

④ 针线。

（3）说一说制作香囊的步骤。

① 先想好香囊的尺寸，可以根据自己喜好定，可大可小，自己喜欢就好。

② 把花瓣晾干，不要在阳光下暴晒，最好加一些药材。也可以碾成粉末状，这样不占地方。

③ 把布剪成自己喜欢的形状，如兔状、葫芦状、鸡心状、虎状、绣球状等。

④ 用线将三边从反面缝合，留下一边。

⑤ 千万别忘了要翻过来。会刺绣的同学，可以试一试刺绣。绣时要稳，线不宜过长，否则会缠线，形成死扣。不会刺绣的同学可以在香囊外表缝上珠子、亮片等装饰品。

⑥ 最后放入花瓣等香料，再次进行缝合，用针时要小心，千万别伤到手，最好加根绳方便携带。

⑦ 香囊里面可以放中药材，比如冰片是一种植物乔木龙脑香提取的成分，具有开窍醒神、清热止痛的效果，容易挥发，因此很清香，可用于年轻人。老人、小孩可加一点朱砂，可镇静安神。艾叶、茶叶、柠檬干片、樟树叶等都可以随便搭配放进香囊。

（4）两人一组开始设计和制作香囊。

（5）展示成品，互相评价。

_____（同学）设计的是_____形状的香囊，香囊里面放了

_____。

他的手艺_____，造型_____，作品效果

_____。

活动六　折扇的概念及种类

知识链接

折　扇

折扇又名"撒扇""纸扇""伞扇""掐扇""摺迭扇""摺叠扇""聚头扇""聚骨扇""棕子扇""旋风扇",是一种用竹木做扇骨、韧纸或绫绢做扇面的能折叠的扇子,用时须撒开,成半规形,聚头散尾。

根据制作材料和方法的不同,这些折扇命名也不一样。扇骨多而轻细的,叫春扇或者秋扇;以香料涂沫扇面的,叫香扇;可以藏在靴子中,以备行旅途中使用的,叫靴扇。更有一种以各色漏地纱为扇面,可以隔扇窥人的,叫瞧郎扇。还有一种左右可以打开,制成三层扇面,中间一层画着图的,叫三面扇。

折扇的扇骨有骨头的,玳瑁的,檀香的,沉香的,棕竹的,以及各种木料的。工艺则有螺钿的,雕漆的,漆上洒金的,退光洋漆的。还有镂空通身,填满异香的。更有空圆钉铰中,藏着极小骰子的。一柄折扇,往往是一面是图画,一面是书法。

探究活动

1. 了解折扇的历史。

（1）搜集、分享有出现折扇的诗歌。

教师举例：

《乐府诗集》辑有晋诗一组,属清商曲辞吴声歌曲,标题为《子夜四时歌七十五首》,其中《夏歌二十首》的第五首曰：

　　　　叠扇放床上,企想远风来。

　　　　轻袖拂华妆,窈窕登高台。

诗里的叠扇,就是折扇,是折扇在晋代的一个名称。叠,除了有重叠的意思外，还有折、折叠的义项。从这首诗里我知道了折扇在晋代就有了。

（2）学生分享，说说自己的理解。

我给大家分享的诗歌的名字是＿＿＿＿＿＿＿＿＿＿，我给大家朗诵这首诗歌＿＿＿＿＿＿＿＿＿＿＿＿＿＿＿＿＿＿＿＿＿＿＿＿＿＿＿＿＿＿＿＿＿＿＿；诗里的＿＿＿＿＿＿就是折扇，是折扇在＿＿＿＿＿代的一个名称，从这首诗里我知道了折扇在＿＿＿＿＿代就有了。

2. 看图观察折扇的材质、组成部分和画面内容。

（1）仔细观察，小组讨论。

（2）总结折扇的形状、材质和组成部分。

材 质	竹 木		
组成部分		扇 骨	
画面内容			诗 词

我们组最善于观察的是_____（同学），他总结了折扇的_____种材质，_____种组成部分，画面内容介绍得很详细、很全面。

3. 设计自己喜欢的折扇。

（1）选择喜欢的颜色的扇面。

（2）设计折扇。

① 设计说明：我在折扇上画了_____，写了_____。

这样设计的意图是_____

_____。

② 我喜欢_____（同学）设计的折扇，因为_____

_____。

第四单元　大唐文化　239

活动七　配饰的搭配原则

知识链接

佩戴首饰原则

在准备佩戴首饰时，首先应考虑以下几个方面：

1. 要考虑整体效果。一般情况下，全身的首饰最好别超过3件，除非参加宴会。

2. 点缀装饰要善于灵活多变。灵活多变要以不变应万变，选择的点缀装饰物能与各种服装款式相协调，提高饰物的使用功能。

3. 要注意本身特点。首饰的佩戴要注意照顾人体本身的因素，要与人的体型、发型、脸型、肤色及服装协调一致。

4. 注意不同场合。佩戴首饰，应与所处的环境、场合相适应，不同的场合对于首饰的质地、款式、形式要求不同，因此应采取不同的佩戴方式。

5. 注意佩戴首饰的季节性。一般来说，由于季节不同，对于饰物的质地、色彩、形式以及佩戴取舍的要求也不同。

6. 注意传统习惯。佩戴首饰要注意各地的风俗习惯与传统观念。

7. 不要多而杂。戴了耳环，最好不要再佩戴胸针或手镯，因为这样搭配较为呆滞。

8. 最好成套购买。经济许可的情况下，在买项链时，最好同时买下同色系统或同质地的耳环、手镯，以便配衬使用。

9. 注意总的协调搭配。

探究活动

1. 梳妆和配饰的严格要求。
（1）观看视频，说说感受。

（2）从视频中，你看到了什么？知道了什么？

我通过观看视频后，知道了<u>在中国古代，梳妆和配饰都有严格要求的，绝对不能僭越</u>。

我通过观看视频后，知道了_____
_____。

2. 讨论交流：在佩戴首饰时要从哪几个方面考虑。

_____
_____。

我们组最善于思考的是_____（同学），他提出了在佩戴首饰时从_____个方面考虑，分别是_____
_____。

3. 配饰展厅。

（1）分工合作，布置展厅。

任　　务	负责人
美化展厅	
排放桌椅	
海报宣传	
通宝发放	

第四单元　大　唐　文　化　241

（2）配饰展览。

① 每张桌子上放着学生自己制作的配饰作品，同时在桌子上放一张卡片，写上第几小组和组员姓名。

② 展示要求：两人共同展示，配饰排列整齐，一人展示配饰，一人介绍配饰，声音响亮，口齿清晰，表达流畅。

配饰名称	制作者姓名	配饰特点

③ 参观要求：认真倾听，客观评价。

（3）综合评价。

每个参观者根据展厅配饰的数量、质量和介绍来发放通宝：5分、2分、1分；最后每组根据通宝的总分来评出最佳配饰展示奖和最佳配饰讲解员。

我觉得_____组的配饰可以得_____分，因为_____

_____

_____。

通宝得分最高的配饰是_____组，恭喜他们得到了"最佳配饰展示奖"的称号。

通宝得分最高的讲解员来自_____组，恭喜他得到了"最佳配饰讲解员"的称号。

活动评价表

评价内容	自评	互评	师评
活动一			
知晓头饰的概念			
能说出头饰的种类,能画思维导图			
能小组合作,完成表格,认识唐朝发饰			
能在文字资料中提取正确信息			
能欣赏耳饰并说出喜欢的理由			
活动二			
知晓项饰的起源和发展			
能小组合作,认识唐朝项饰,完成调查报告			
能用超轻彩泥设计项饰			
能选出设计最好的小组并说明理由			
活动三			
能知道唐朝腕饰的种类			
能介绍腕饰的选择和搭配技巧			
能判断腕饰搭配技巧是否合适			
活动四			
能说出手饰的概念			
能说出唐朝手饰的种类			
能将饰品按类别正确归类			

续表

评价内容	自评	互评	师评
活动五			
能说出腰饰的概念			
能比较古代腰饰与现代腰饰，说出异同点			
能两人一组设计和制作香囊			
明白制作香囊的步骤			
乐于展示香囊的成品，阐述设计思路			
活动六			
了解折扇的历史			
能分享有出现折扇的诗歌			
能说出折扇的材质、组成部分和画面内容			
运用图文美化折扇扇面			
能展示并介绍自己设计的折扇			
能客观评价他人的作品和表现			
活动七			
了解梳妆和配饰的严格要求			
能说出配饰首饰的考虑方面			
选出负责人，合理分配任务，进行展厅布置			
明确展示要求与参观要求			
能有序开展配饰展厅活动			
能选出展示最好的小组并说明理由			

评价标准：优秀，良好，一般

大唐服饰

活动目标

1. 能合作搜集唐朝汉服资料，了解唐朝汉服特点，感受中国传统文化魅力，增强民族自豪感。
2. 知道唐朝发型和妆容的特点，能设计一个卡通唐朝人物，培养造型表现能力。
3. 初步了解唐朝染布工艺，尝试用植物染料染制一块手帕，发展艺术感知能力和创造能力。
4. 初步了解裁剪和缝纫，能正确测量样板尺寸并裁剪布料，养成耐心细心的品质。
5. 缝制迷你唐朝汉服，感受材料特性，体验制作过程，学会合理使用工具，用图画展示自己的作品，提高合作意识和劳动意识。
6. 绘制唐朝汉服秀宣传海报，学会用合适的工具和材料表现画面效果，图文并茂，有吸引力，能倾听他人的意见，修改、完善海报，提高与同学、师长沟通交往的能力。
7. 小组合作进行服装走秀彩排，能结合自己的特长在团队合作中积极承担任务，初步养成表达、倾听、探究、合作等学习习惯。敢于用实物、语言、肢体动作等多种形式，展示自己的服装，提高自信心和应变能力，初步形成对所在群体的归属感。

活动内容

活动一：设计卡通唐朝人物。
活动二：植物染制手帕。
活动三：制作迷你唐朝汉服——裁剪衣样。
活动四：制作迷你唐朝汉服——缝制衣服。
活动五：绘制宣传海报。
活动六：走秀表演。

活动一　设计卡通唐朝人物

知识链接

唐代发型和妆容

唐朝初年，女子的发髻比较低平，形式也不是很多，半翻髻是最流行的一种发型。玄宗年间高髻和双鬟抱面是当时的风尚，到了天宝年间堕马髻又成了主流，而唐朝的侍女更多的是选择双垂髻。到了晚唐时期，女子的发髻则以堕马髻为主。

唐朝的女子非常爱化浓艳的妆，她们化妆的步骤和现代差不多：一敷铅粉，二抹敷脂，三涂鹅黄，四画黛眉，五点口脂，六描面靥，七贴花钿（额饰，两眉之间的装饰）。在唐代，眉毛的高低被誉为是身份的象征，身份越高贵的女人，眉毛会画得越高。

唐朝女性涂口红流行心形、鞍形与一般形。心形是上下唇画成正、倒爱心状；鞍形是上下唇皆画成M字形；一般形上唇依唇形描红，下唇为半圆形。无论哪种形状的唇脂面积都比嘴唇小。

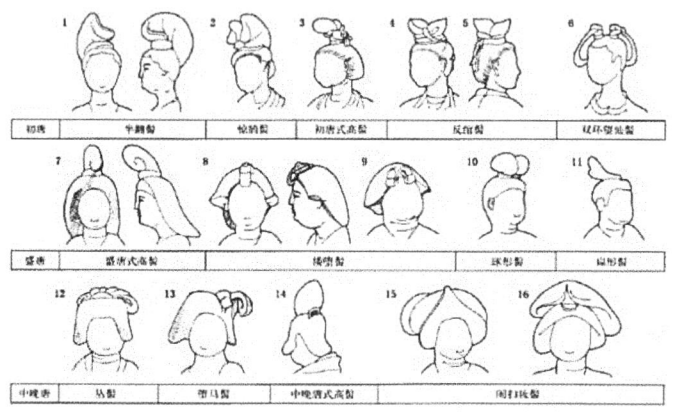

探究活动

1. 唐朝妆发介绍。

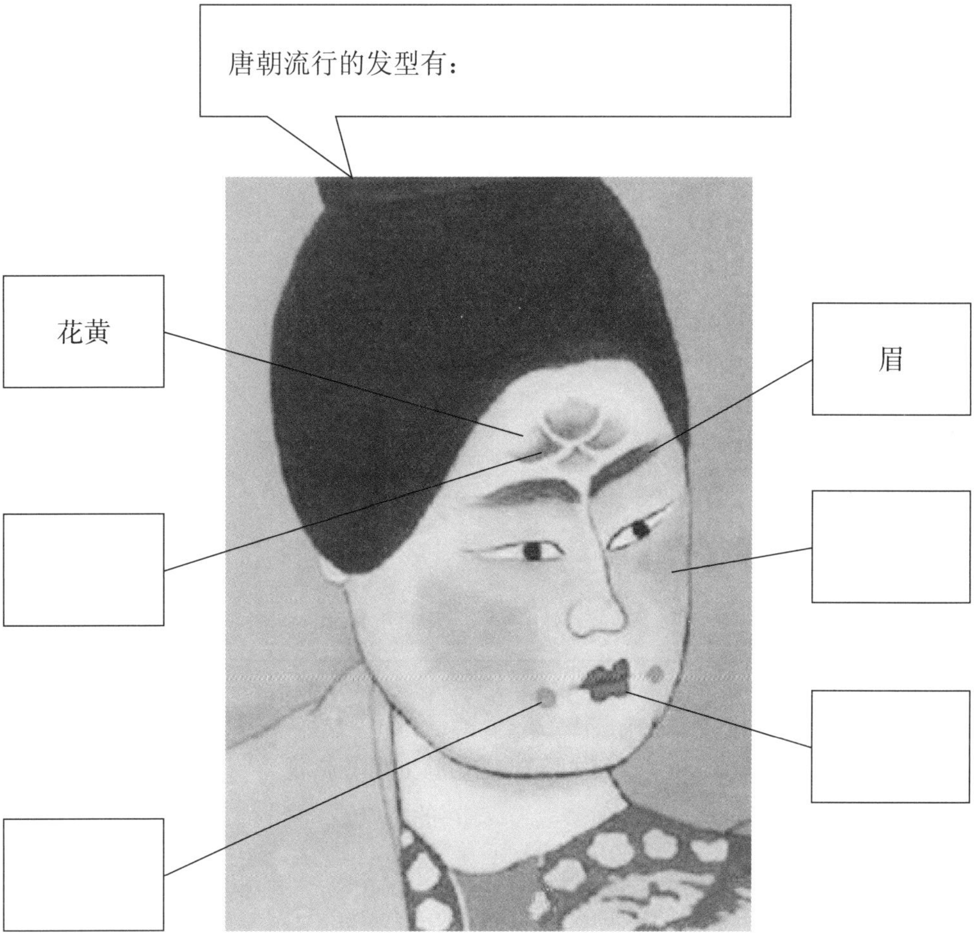

唐朝流行的发型有：

花黄

眉

（1）唐朝女子妆容和现代女子妆容相比，相同的是_____，不同的是_____。

（2）我们班同学最喜欢的唐朝发型是_____。

2. 设计一个卡通唐朝人物形象并介绍给大家。

我设计的人物叫_____（名字），我为她设计了一款唐朝最流行的_____（发型）。她的脸上精心画着_____，她所穿着的服装为_____，它的特点是_____
_____。

3. 投票选出最受欢迎的卡通人物。

我最喜欢_____（同学）设计的人物，因为_____
_____。

最受欢迎的是_____（同学）的人物，她的特点是_____
_____。

活动二 植物染制手帕

知识链接

植物染色

植物染色是指利用自然生长的各种含有色素的植物提取染料来对衣物进行染色的一种方法。早在六七千年前的新石器时代，我们的祖先就能够用赤铁矿粉末将麻布染成红色。居住在青海柴达木盆地诺木洪地区的原始部落，能把毛线染成黄、红、褐、蓝等色，织出带有色彩条纹的毛布。唐代的印染技术全面发展而且成就斐然，这时的纹缬、夹缬、蜡缬都出现了惊人之作，所采用的部分染料也常是名贵的中草药材，染出的颜色不仅纯洁艳丽，色泽柔和，而其最大的优点是不伤皮肤，对人体有呵护保养作用。

 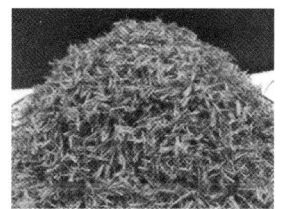 

蓝草　　　　　　　　红花　　　　　　　　茜草

探究活动

1. 观看视频，了解植物染料。

《国家宝藏第二季　13期》视频画面

通过视频学习,我认识了很多植物染料,有＿＿＿＿＿＿＿＿＿＿＿＿＿＿＿＿
＿＿＿＿＿＿＿＿＿＿,植物染料的优点是＿＿＿＿＿＿＿＿＿＿＿＿＿＿＿＿＿
＿＿＿＿＿＿＿＿＿＿＿＿＿＿＿＿＿＿＿＿＿＿＿＿＿＿＿＿＿＿＿＿＿＿。

2. 请在框里涂上该植物所能染出的颜色。

蓝草	红花	茜草	栀子

（1）除了这些植物,我认为＿＿＿＿＿＿（植物）可以染出＿＿＿＿＿＿＿＿
＿＿＿＿＿＿＿＿（颜色）,＿＿＿＿＿＿（植物）可以染出＿＿＿＿＿＿＿＿＿
（颜色),＿＿＿＿＿＿（植物）可以染出＿＿＿＿＿＿（颜色）。

（2）我在家用＿＿＿＿＿＿（植物）染成了＿＿＿＿＿＿＿＿＿＿＿＿＿（颜色）。

3. 观看视频,了解植物染布方法。

蓝印花布

(1) 通过视频学习,我知道用植物染色的大致步骤是＿＿＿＿＿＿＿＿＿＿＿＿＿,
＿＿＿＿＿＿＿＿＿＿＿＿＿＿＿＿＿＿＿＿＿＿＿＿＿＿＿＿＿＿＿＿＿＿。

(2) 染布过程中使用了＿＿＿＿＿＿＿＿＿＿＿＿＿＿＿＿＿＿＿＿＿＿＿＿＿
＿＿＿＿＿＿＿＿＿＿＿＿＿＿＿＿＿＿＿＿＿＿＿＿＿＿＿＿＿＿＿＿等工具。

4. 学习简易染布流程。

（1）认识工具。

① 加热工具　② 煎煮器皿　③ 染色器皿　④ 电子秤　⑤ 量杯　⑥ 温度计　⑦ pH 试纸　⑧ 搅拌工具　⑨ 手套围裙　⑩ 过滤布、过滤勺

（2）认识材料。

 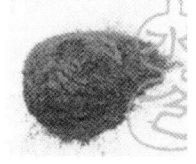  

红花　　　　　　草木灰　　　　　　清水　　　　　　白醋

（3）自学说明书。

红花染色法

1. 将红花在清水中浸泡一晚。
2. 次日淘洗多次，尽量淘洗到没有红花黄色素析出。
3. 用草木灰澄清液浸泡处理过的红花 2 小时以上。
4. 汲取染液，在染液中加入白醋进行中和，调至弱酸（pH 值 6.5）。
5. 在染液中放入布料进行染色 20～30 分钟。
6. 再加入白醋固色 10 分钟。

关于红花染色的方法，我有一些疑问_____，在_____的帮助下，我解决了我的困惑。

5. 扎染手帕。

在扎染过程中，我帮助了_____同学，解决了_____问题。

我最喜欢_____同学扎染的手帕，因为_____。

活动三　制作迷你唐朝汉服——裁剪衣样

知识链接

穿针引线

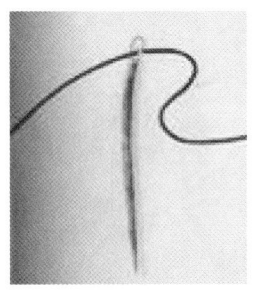

从养蚕栽棉到纺纱织布,从穿针引线到缝衣制服,是人类文明的一大进步。在5 000年的华夏文明史中,纺织和服饰是两朵艳丽夺目的奇葩。据考古发现,1.8万年前的旧石器时代,山顶洞人已经使用骨针缝缀兽皮;距今7 000多年的新石器时代,河姆渡人不但会使用骨针,而且会使用捻线和纺轮;而4 000多年前的良渚文化,则出现了麻线、绸片、丝线和丝带等原始的纺织品。

探究活动

1. 给制衣过程排排序。

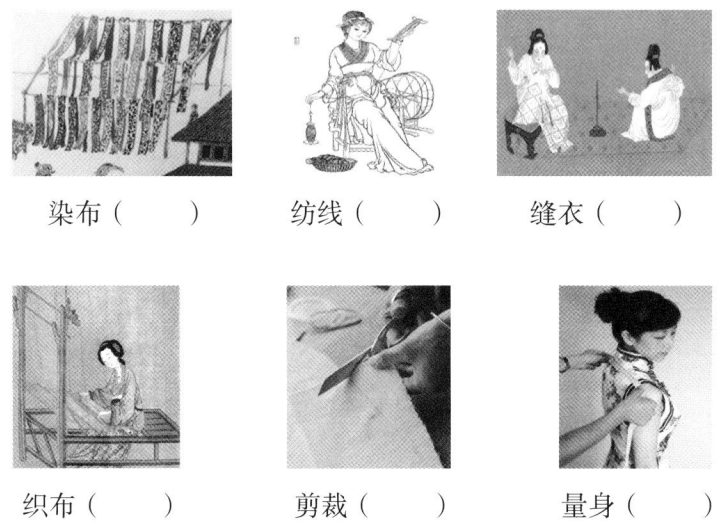

染布（　　）　　纺线（　　）　　缝衣（　　）

织布（　　）　　剪裁（　　）　　量身（　　）

2. 在布料上画衣样并裁剪。

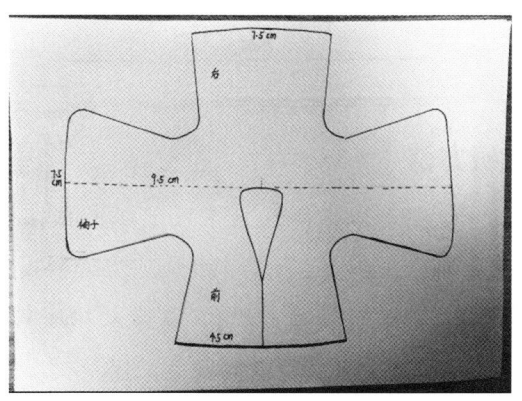 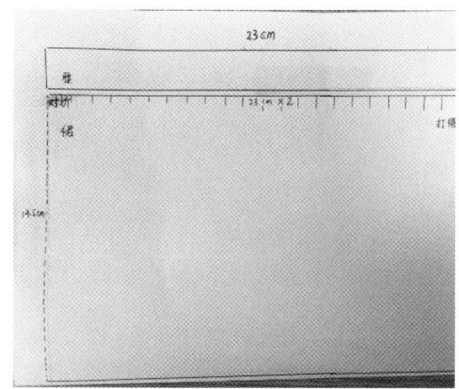

（1）要把衣样描到布料上，并且尺寸不走样，我想的办法是＿＿＿＿＿＿＿＿
＿＿＿＿＿＿＿＿＿＿＿＿＿＿＿＿＿＿＿＿＿＿＿＿＿＿＿＿＿＿＿＿＿，
有同学想＿＿＿＿＿＿＿＿＿＿＿＿＿＿＿＿＿＿＿＿＿＿＿＿＿＿＿＿＿，
还有同学想＿＿＿＿＿＿＿＿＿＿＿＿＿＿＿＿＿＿＿＿＿＿＿＿＿＿＿＿，
我觉得＿＿＿＿＿＿＿＿＿＿＿＿＿＿＿＿＿＿＿＿＿＿的办法最好，
因为＿＿＿＿＿＿＿＿＿＿＿＿＿＿＿＿＿＿＿＿＿＿＿＿＿＿＿＿＿＿。

（2）请为之后学习的学生设计一张裁剪流程图：

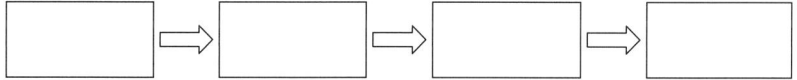

温馨提示：

第四单元 大唐文化 253

 **制作迷你唐朝汉服——缝制衣服**

📖 **知识链接**

平针缝纫方法

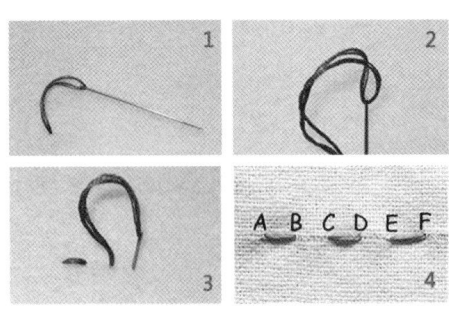

1. 针线从布料的底下往上穿出布料，把线拉紧。

2. 再让针在往前约 0.5 厘米处从布料上面往下穿到背面，线拉紧。

3. 然后针在布料背面，距离步骤 2 针眼往前 0.5 厘米处从布料下面往上穿回布料表面，线拉紧。重复以上的步骤至完成所需的长度。

4. 缝出的线要尽量在一水平线上。每次拉线时都不要拉得太紧，缝后的线段才会蓬松好看。

📖 **探究活动**

1. 小组合作缝制衣服。

（1）细心并耐心地把线穿到针上，并打结。

（2）在裁好的布片上找到要缝合的边，在离边 5 毫米的地方，用彩笔画出缝合线的位置，把布片缝合起来，注意针不要扎到自己和别人。

（3）在裁好的裙子布片上折出褶皱，用双面胶粘好。

（4）取裁好的腰部布片上下对折，合在打好褶皱的裙子上面，并调整裙子大小，和腰带同长。

（5）用针线缝合裙子和腰部，并在两端缝上长系带。

（6）把缝合好的裙子穿到襦衣外面，调整裙子的高低，打结系好系带。

2. 下裙制作示意图。

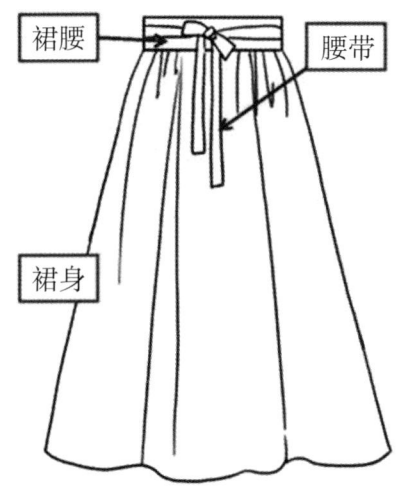

在缝制过程中，我觉得最困难的一步是＿＿＿＿＿＿＿＿＿＿＿＿＿＿＿＿，后来我是这样解决的：＿＿＿＿＿＿＿＿＿＿＿＿＿＿＿＿＿＿＿＿＿

作品展示

活动五　绘制宣传海报

知识链接

海报设计

　　海报设计是视觉传达的表现形式之一，通过版面的构成在第一时间内将人们的目光吸引，并获得瞬间的刺激，这要求设计者要将图片、文字、色彩、空间等要素进行完美的结合，以恰当的形式向人们展示出宣传信息。

　　海报这一名称，最早起源于上海。海报一词演变到2013年，范围已不仅仅是职业性戏剧演出的专用张贴物了，同广告一样，它具有向群众介绍某一物体、事件的特性，所以又是一种广告。海报是极为常见的一种招贴形式，其语言要求简明扼要，形式要做到新颖美观。

探究活动

1. 小组分工并完成海报。

任　务	姓　名	分配原因
排　版		
绘　图		
文　字		
宣　传		

2. 设计草图。

3. 向其他小组介绍海报。

（1）在设计海报的过程中，我觉得我们组_____同学表现得最出色，因为_____。

（2）在宣传海报的过程中，我觉得_____小组表现得最出色，因为_____。

4. 校园宣传。

宣传时间：_____。　　宣传地点：_____。

宣传效果：_____。

活动六 走秀表演

知识链接

走 秀

走秀，是指模特对穿着的时装进行展示。在英文里有catwalk，即猫步，专业一点的名称是"台步"。指时装模特在进行时装表演时所使用的一种程式化的步子。走秀时左右脚轮番踩到两脚间中线的位置，或把左脚踩到中线偏右一点，右脚踩到中线偏左一点，从而产生一种韵律美。猫步是时装模特儿的一种经典步法，据说猫也是这样走的，所以就有了这样一个名字。

探究活动

1. 分配任务。

（1）确定走秀活动分工，并做好任务计划。

走秀任务单　　小队名称：_____

任　务	姓　名	工作计划
导　演		
旁　白		
配　乐		
演　员		
演　员		
演　员		
演　员		

（2）我担任的是_____任务，因为_____
_____。

2. 开展走秀表演。

```
贴上精彩的走秀照片
```

（1）在表演的过程中，我觉得_____同学的表现最突出，因为_____
_____。
_____同学的表现需要加把劲，因为_____
_____。

（2）如果还有走秀表演的机会，我想承担_____任务，因为
_____
_____。

活动评价表

评价内容	自评	互评	师评
活动一			
能写出发型和妆容的几个名称			
知道唐代妆容和现在妆容的相同点和不同点			
能设计一个唐朝卡通人物形象			
设计的服饰、发型和妆容能体现唐朝特色			
活动二			
认识几种植物染料			
知道几种植物染料能染出的颜色			
探索能染色的植物			
认识植物染色的工具和材料			
能自学说明书，知道染色流程			
能染制一块手帕			
活动三			
知道制衣的基本流程			
能在布上绘制衣样			
能用尺量出准确的尺寸			
能主动探索绘制图样的好办法			
能设计一张简洁的裁剪流程图			

续表

评价内容	自评	互评	师评
活动四			
熟练掌握穿针方法			
能用平针方式缝制衣服			
能留出适合的边			
针脚均匀			
缝合牢固			
掌握穿襦裙的方式			
活动五			
能根据个人特长分配任务			
海报草图排版合理，主题突出			
海报图文结合，美观和谐			
能选合适的时间地点做宣传			
活动六			
能根据个人特长主动承担任务			
能听取同伴建议，大胆表达自己想法			
能设计合适的旁白			
能设计适当的动作			
自信大方，不怯场			
能灵活应对表演时的突发情况			

评价标准：优秀，良好，一般

后 记

  "朱泾花灯"综合活动课程边开发边实施已有两年多的时间。实施的方式是一二年级以"花灯真好玩"小课程形式，融入低年级主题式综合活动课程中，并在每周一"快乐活动日"的两课时实施，实行教师走班制。三四年级有16个8课时的小课程，每学期学生可以自主选课2次。五年级有14个16课时的小课程，每学期学生自主选课1次。三四五年级实行学生走班制，利用周五"快乐活动日"时间，围绕"朱泾花灯"主题，开设花灯画塾、大唐金融、花灯谜馆、花灯戏台等"穿越大唐 花灯璀璨"系列主题式综合实践活动。所有课程在实施过程中，会定期开展研讨会来反馈课程问题，通过反馈表的方式，给课程开发者提供修改、完善的建议。

  "朱泾花灯"综合活动课程所涉及课程类型广泛，低年级学生从微课程中全面了解"朱泾花灯"综合课程内容，为高年级课程的自主选择提供参考。到高年级时，学校为每位学生提供了每学期2次自主选课的机会。最终，在毕业时，学生已学近9个花灯系列课程，学生可以从多样的课程与活动中发现自我的潜能，增加学习的自信心。"朱泾花灯"课程还转变单一的学习方式，将日常学习到的知识、技能或碰到的问题，在学校举行的大型花灯展示活动中得以实践与验证，跳出单纯知识学习的圈子，在实践中学习，在学习中实践，使学生各方面的能力得以施展，从而提高综合素养。

  我校每年利用"元宵节""中秋节""朱泾镇花灯节"等节假日开展各类花灯系列活动，如依托朱泾地区小学家校联盟，在双休日开展区域内四所小学的联合亲子花灯制作培训活动。还积极参与市、区、镇级花灯展示活动，如承办或参与中国·朱泾花灯节、金山区旅游节开幕式、上海市教育博览会、长三角地区校际联盟艺术节展演，等等。我们依据活动的内容、活动的方式来对学生的表现进行评价。

在编写与实施课程的过程中，教师的角色发生了转变，成为教学活动的引导者、探究过程的合作者。教师的教育观念也在发展着转变，教师的研讨与协作机制也建立起来了，形成了合作氛围，增强了合作意识，最后也促进学校特色的形成。

在实施课程的过程中，我们也发现教师的综合素质是制约课程实施效果的关键。教师自身的能力是否胜任角色的要求，直接影响到教师参与课程改革的热情和态度。我们也发现，评价在综合活动课程的实施中发挥着极大的导向和激励功能，但目前评价却是综合实践活动最薄弱的环节，它没有一套理想的固定标准和准则作为普遍的参照点。因此，未来我们还将采取相关措施来促进教师自身综合素质的提高，细化落实课程的综合评价，并制定出相应的评价标准和细则，敬请期待。

副主编 袁 寒

2021 年 6 月

图书在版编目(CIP)数据

穿越大唐　探秘花灯：“朱泾花灯”综合活动课程手册／孙翠英主编 .— 上海：上海社会科学院出版社，2022
　ISBN 978-7-5520-3730-2

Ⅰ.①穿… Ⅱ.①孙… Ⅲ.①彩灯—非物质文化遗产—金山区—小学—教学参考资料 Ⅳ.①G624.593

中国版本图书馆 CIP 数据核字(2021)第 228897 号

穿越大唐　探秘花灯
——"朱泾花灯"综合活动课程手册

主　　编	孙翠英
出品人	佘　凌
责任编辑	陈如江
封面设计	黄婧昉
出版发行	上海社会科学院出版社
	上海顺昌路 622 号　邮编 200025
	电话总机 021-63315947　销售热线 021-53063735
	http://www.sassp.cn　E-mail:sassp@sassp.cn
照　　排	南京理工出版信息技术有限公司
印　　刷	上海盛通时代印刷有限公司
开　　本	787 毫米×1092 毫米　1/16
印　　张	30.75
字　　数	478 千
版　　次	2022 年 1 月第 1 版　2022 年 1 月第 1 次印刷

ISBN 978-7-5520-3730-2/G·1137　　　　　　定价:98.00 元(上下册)

版权所有　翻印必究